AF201045

Meinen Eltern

Antonia und Josef Cornelius gewidmet

Franz-Josef Cornelius

Der Kölner Karneval
leicht gemacht

Eine Hinführung zum Ursprung des Kölner Karnevals

Bibliografische Information der Deutschen Nationalbibliothek:
Die Deutsche Nationalbibliothek verzeichnet diese Publikation
in der Deutschen Nationalbibliografie; detaillierte bibliografische Daten sind im Internet über http://dnb.dnb.de abrufbar.

© 2020 Franz-Josef Cornelius

Umschlaggestaltung: Cologne Art Project

Herstellung und Verlag: BoD – Books on Demand, Nor-
derstedt

ISBN: 978-3-7504-8140-4

Wie in schon in den Jahren zuvor stehen Severin und Marie auf der Severinstraße und warten auf die Eröffnung des Rosenmontagzuges. Der 24 Jahre alte Geschichtsstudent und die 22 Jahre alte Sozialarbeiterin haben sich bislang, wie so viele andere, eigentlich keine Gedanken über Sinn und Herkunft des Brauchtums gemacht, bis Marie die Frage aufwirft: Weißt du eigentlich, warum wir Karneval feiern?

Ja, erwiderte Severin. Mein Vater hat es mir erklärt und er hat es von einem Mann erfahren, der im Festkomitee ist. Es ist ein Fest, das vor der Fastenzeit gefeiert wird.

Marie: Ist ja möglich aber wenn das alles sein soll, dann frage ich mich, warum wir eine Prinzenproklamation brauchen. Was bedeutet das Dreigestirn Prinz, Bauer und Jungfrau? Warum laufen so viele Soldaten in Uniform mit? Und was soll das mit den Strüßje, Kamelle und Alaaf?

Das macht doch gar keinen Sinn, wenn es nur ein ganz normales Fest vor der Fastenzeit sein soll. Ich verstehe das alles nicht, auch nicht die Kostüme und die Wagen mit den verschiedenen Themen. Was hat die Fastenzeit damit zu tun?

Eigentlich hätte ich mal total Lust darauf, dass mir das mal jemand erklärt. Du auch Severin?

Severin: Marie, der Zoch kütt. Quatsch nicht so viel. Aber ja, du hast ja recht, nach Karneval möchte ich das auch mal wissen. Nach Karneval ist vor Karneval.

Marie: Aber der Zoch steht doch noch an der Severinstorburg. Was soll eigentlich die Festbezeichnung Karneval bedeuten Severin?

Severin: Ich habe gelesen, das Fest sei auf „carne levare", Fleischwegnahme, zurückzuführen.

Marie: Das überzeugt mich überhaupt nicht. Wer soll denn welchen Personen das Fleisch weggenommen haben, die Kirche ihren Gläubigen etwa? Warum denn gerade Fleisch? Fleisch gehörte nicht immer zur Hauptmahlzeit. Das gemeine Volk hat sich im Mittelalter nicht hauptsächlich von Fleisch ernährt. Es gibt noch so viele andere Dinge, auf die man während der Fastenzeit hätte verzichten können. Warum soll man sich gerade den Verzehr von Fleisch herausgegriffen und danach ein Fest benannt haben?

Severin: Aber „carne" heißt doch Fleisch und „ valere" soll von der lateinischen Bezeichnung „vale", Lebe wohl, auf Wiedersehen, kommen?

Marie: Das mag die gängige lateinische Übersetzung sein, aber die Bezeichnung Carnevale stammt nicht von den Römern. Die hätten sich mit Sicherheit nicht ihr Fleisch wegnehmen lassen.
Im Gegenteil. Soweit ich weiß, haben die sich an den Saturnalien, die von einigen Forschern mit dem Karneval in Zusammenhang gebracht werden, die Bäuche vollgeschlagen und es wurde viel getrunken. An diesem Tag haben die Herren ihre Sklaven bedient. Ich glaube nicht, dass die Römer auf so eine Festbezeichnung gekommen wären.

Severin: Marie, jetzt sei doch mal still! Heute wird gefeiert und jetzt gucken wir uns erst einmal den Zug an.

Marie: Ich habe auch von einem „carrus navalis" gehört, was soviel wie Schiffskarren, Schiff auf Rädern, bedeuten soll. Von dieser lateinischen Bezeichnung soll der Karneval seinen Namen erhalten haben, meinen einige Brauchtumsforscher.

Severin: Das scheint mir zu weit hergeholt. Warum soll ein Fest „Schiff auf Rädern" heißen und zudem vor der Fastenzeit gefeiert werden?
Die Karnevalssession dauert mehrere Monate und beginnt offiziell mit dem 11.11. eines jeden Jahres. Sollen sich die Jecken die ganze Zeit bis zum Aschermittwoch auf die Fastenzeit vorbereiten und ausgelassen feiern, um die 40 Tage vor Ostern ohne Fleisch zu überstehen?
Wenn das so sein soll, warum sollte dann ein Schiff auf Rädern Namensgeber für das Fest sein?
Marie, der Zoch kütt! Das alles hat Zeit bis morgen.

....

Doch so sehr sich Severin in der Folgezeit auch bemühte, auf seine und Maries Fragen eine Antwort zu bekommen, die Karnevalsliteratur, die er wälzte, gab diesbezüglich nichts her und beantwortete keinerlei Fragen. Mit seinen rudimentären Geschichtskenntnissen, die er sich inzwischen im Fach Alte Geschichte an der Uni Köln angeeignet hatte, konnte er in diesem Fall gar nichts anfangen, war dieses Studium doch im Wesentlichen von Fakten geprägt und hatte, neben Inhalten aus dem alten Griechenland und Rom, den Alten Orient nicht mit einbezogen. Severin wollte schon aufgeben, als er auf einen Hinweis in der Zeitschrift GEO stieß. Dort konnte er lesen, dass im heutigen Irak, wo einst die Sumerer lebten, seinerzeit eine Inschrift aus dem 3. Jahrtausend vor Christus aufgefunden worden sei. Diese weise auf ein 7-tägiges Fest hin, währenddessen die Sklavin der Herrin gleichgestellt und der Mächtige und der Niedrige gleich geachtet worden sei. Karneval sei ein Fest, so heißt es in dem GEO-Artikel, das die Welt auf den Kopf stelle. Severin war jetzt völlig verwirrt. Einerseits soll Karneval ein Fest vor der Fastenzeit sein, wo dem Fleisch gezwungenermaßen „Lebe wohl " gesagt werden müsse, andererseits es eine Feierlichkeit sein soll, die die Welt auf den Kopf stelle. Verwundert fragte er sich, was und woran er denn jetzt glauben solle. Das passt doch alles nicht zusammen, sagte Severin zu sich selbst.

Als er am Abend seinem Vater davon erzählte, war auch dieser sprachlos, hielt es aber für eine gute Idee, dem Hinweis auf die im heutigen Irak aufgefundene Inschrift nachzugehen. Severin gab die Suchbegriffe Karneval, Köln und Sumerer ein und stieß auf eine Publikation, deren Inhaltsbeschreibung er entnehmen konnte, dass der Autor sich mit den Mythen des Alten Orients beschäftigt hatte, in denen er die Strukturen und Motive des Kölner Karnevals wiedererkannt haben wolle.

Vom Forschungseifer getrieben, machte sich Severin daran, dieses Buch zu beschaffen, das ihm Antworten auf seine und Maries Fragen versprach.

....

Severin: Ich weiß jetzt Marie, woher der Karneval kommt, wo dieser seine Wurzeln hat und wie er nach Köln gekommen ist. Du wirst staunen. Ich will dir davon erzählen. Wenn du etwas nicht verstehen solltest, musst du sofort nachfragen. Alles weiß ich auch nicht aber das, was ich weiß, erzähle ich dir.

Der Karneval stammt aus dem Alten Orient. Die Beweggründe für seine Entstehung sind in sumerische Mythen und Hymnen eingebunden. Seine Motive und äußeren Erscheinungsbilder findest du in Köln wieder.

Marie: Wie kann das sein, wenn seit dieser Zeit 5000 Jahre vergangen sind? Bisher hat mir keiner von solchen Motiven, die ich im Kölner Karneval wiedererkennen kann, erzählt. Ich kenne nur die Proklamation des Dreigestirns, den Sitzungskarneval, die Büttenreden, Verkleidung und Zoch. Das ist es eigentlich schon. Das Fest soll von der Kirche eingeführt worden sein und das sichtbare Brauchtum sich zufällig, aus dem Nichts heraus, entwickelt haben, so jedenfalls die heute überwiegende Meinung.

Severin: Da ist nix mit zufällig entwickelt. All diese Dinge, die du aufgezählt hast Marie, gab es in ihrer Urform schon bei den Sumerern. Der Brauch, sich an Karneval zu verkleiden, war Bestandteil der Neujahrsfeier im Alten Orient.

Marie: Jetzt verstehe ich gar nichts mehr. Wie kommst du nun auf einmal auf ein Neujahrsfest? Dass es keine Feier sein kann, die eigens und nur wegen der beginnenden Fastenzeit eingerichtet worden ist, versteht sich von selbst. Aber ein Neujahrsfest, was soll denn das nun schon wieder?

Ich habe kürzlich noch gelesen, dass es durchaus sein könne, dass vereinzelt Reste alter Bräuche in die Feiergestaltung mit eingeflossen seien, nachzuweisen sei dies aber nicht. Heute ließen sich diese Bräuche ohnehin nicht mehr exakt rekonstruieren, weil sie sich im Laufe der Geschichte mit neueren Bräuchen unentwirrbar vermischt hätten.

Resümierend wird dort festgestellt, dass dann, wenn der Fastnachtstermin an das Osterfest und die vorangegangene Fastenzeit gebunden sei, das Fest demnach erst mit der Einführung der Fastenzeit durch die Kirche entstanden sein könne.

Severin: Mensch Marie, was für eine Logik. Das habe ich bei meinen Recherchen auch gelesen. Es handelt sich wohl um die offizielle Meinung des Kölner Festkomitees, das diese Erklärung dem Buch eines Bonner Brauchtumsforschers entnommen hat. Diese Publikation ist seinerzeit vom Kölner Stadtmuseum gefördert worden.

Aber Marie, wie siehst du das denn? Ist diese Formulierung nicht Ausdruck von Hilflosigkeit, in der sich der Autor dieser Zeilen befunden haben muss? Wenn diese These für sich und isoliert gesehen auch richtig sein mag, so wollte der Autor durch eine solche Logik nur seine Ansicht festigen, dass Karneval, weil vor der Fastenzeit gefeiert und diese mit Ostern verknüpft ist, nur von der Kirche eingeführt worden sein kann.

Marie: Ja, das kann er aber nur, wenn man das Fest an die Einführung der Fastenzeit festmacht. Es ist genauso logisch, wenn man behauptet, die Festfeier sei ursprünglich an den Osterfesttermin gebunden gewesen und von der Kirche, aus welchen Gründen auch immer, vom Osterfest durch die Einführung der Fastenzeit getrennt worden.

Severin: Hey Marie, du scheinst schon eine Ahnung zu haben?

Marie: Nein Severin, das erscheint mir nur eine weitere logische Möglichkeit für die Einordnung des Karnevalsfestes zu sein.

Severin: Vor dem Problem der Vermischung alter Bräuche und nicht mehr rekonstruierbarer Geschehnisse, wie der Bonner Brauchtumsforscher es nennt, hätte vermutlich auch der Autor des von mir studierten Buches mit dem Titel „Der Kölner Karneval und das Himmelsboot der sumerischen Venusgöttin" gestanden, wenn er sich hingesetzt und zu sich gesagt hätte, ich denke jetzt mal über den Kölner Karneval nach, mal sehen, was dabei herauskommt.

Ich habe gehört, dass dieser Autor zu keinem Zeitpunkt beabsichtigte, ein Buch über den Kölner Karneval, geschweige denn über den Ursprung des Karnevals zu schreiben. Dies wäre seiner Ansicht nach wegen der Vermischungen, die der Karneval auf seinem Weg durch mehrere Kulturebenen erfahren habe, auch gar nicht möglich gewesen.

Marie: Aber wie ist es denn dann dazu gekommen, dass der Verfasser des von dir genannten Buches den Ursprung des Karnevals herausgefunden hat?

Severin: Der Autor hat sich bei seinen Recherchen zur Herkunft der Etrusker, einem Volk, das man später in Italien angetroffen hat und das sich mit der dort ansässigen Bevölkerung im Laufe der Zeit vermischt hat, intensiv mit dem Alten Orient und den Mythen der Sumerer befasst.

In den Mythen und Hymnen hat er Strukturen und Motive des Kölner Karnevals ausmachen können und hat sich von dort aus, gleichsam auf seinem Weg in die Neuzeit, durch mehrere Kulturstufen hindurchwühlen müssen, wobei er die Motive des Karnevals nicht aus den Augen verloren und bis nach Köln verfolgt hat.

Marie: Du redest immer von Karneval. Wie verhält sich dieser zum Fastelovend, der Fastnacht, die von der Kirche eingeführt worden ist?

Severin: Karneval und Fastnacht werden im Volksmund fälschlicherweise synonym gebraucht. Mit dem Begriff Karneval wird das Festgeschehen nebst seinen Strukturen vor der Fastenzeit bezeichnet, wobei sich sichtbare Motive, wie du bereits gehört hast, zufällig entwickelt haben sollen.

Marie: Lass doch den Unsinn. Aber warum hat die Kirche eine solche Fastenzeit eingeführt und warum soll sich gerade vor der Fastenzeit ein Fest entwickelt haben, das von Kostümierung, Maskerade und Narretei geprägt ist und das, wie du sagst, ausschließlich Motive des sumerischen Neujahrsfestes enthält?

Severin: Das sind zwei Fragen, die zwei verschiedene Sachverhalte ansprechen, die ich nur hintereinander beantworten kann.

Die Kirche, so heißt es bisher, habe die 40-tägige Fastenzeit zur Sühnung vor dem Osterfest, quasi im Sinne einer Selbstreinigung eingeführt. Zunächst habe es ein dreitägiges Passionsfasten vor Ostern gegeben, währenddessen das Leiden

Christi und sein Tod bis zur Auferstehung durch echtes Vermeiden von Nahrungszufuhr, zumindest von Teilen der Bevölkerung, begleitet worden sei.

Marie: Ein solches Fasten mit Blick auf das Leiden Christi macht Sinn. Aber was hat das alles mit Karneval zu tun, dem Fest vor der Fastenzeit? Wo genau soll ich dieses Fest denn lokalisieren? Die närrische Zick beginnt am 11. November und zieht sich über mehrere Monate hin, bis sie am Aschermittwoch ausklingt. Wenn es ein Fest vor der Fastenzeit sein soll, warum wird es dann bereits ab dem 11. November des Vorjahres gefeiert? Warum sollte dem Beginn einer 40-tägigen Fastenzeit ein Zeitraum von mehreren Monaten vorangestellt werden, in dem bis auf die Weihnachtszeit, der Geburt Christi, wo das närrische Treiben normalerweise ruht, Frohsinn und Ausgelassenheit verordnet wird? Ein paar Tage weniger vor der Fastenzeit hätten es auch getan.
Nachvollziehbar wäre doch, wenn man den Leuten ein oder zwei Wochen eingeräumt hätte, um sich mittels ausgiebiger Schlemmerei und Zufuhr von Alkohol für einen Zeitraum von 40 Tagen von all diesen Leckereien zu verabschieden.

Und überhaupt, wozu braucht es ein Dreigestirn? Wozu braucht es Sitzungskarneval, die Proklamation und alles, was wir so an Motiven im Karneval wahrnehmen? Was soll in diesem Zusammenhang der Rosenmontagszug? Was haben die Garden, die sich an diesem beteiligen, Narretei und Verkleidung und insbesondere das Werfen von Schokolade und Strüßje mit der Fastenzeit zu tun? Mit Süßigkeiten zu werfen ist doch sogar kontraproduktiv. Die Süßigkeiten, die du während des Zuges fängst, kannst du gar nicht bis Aschermittwoch verzehren. Du wirst geradezu zum Fastenbrechen animiert.

Severin: Du hast ja recht Marie. Aber all das, was du aufgezählt hast, bildet die Struktur des sumerischen Karnevals und gibt dessen sichtbare Motive wieder, in welchen sich die religiösen Vorstellungen der Sumerer spiegeln.

Marie: Jetzt mach`s aber nicht so spannend Severin. Ich möchte nun endlich mal wissen, was das alles soll. Ich habe keine Lust mehr, auf Dauer ein Fest zu feiern, dessen Interpretation durch die Karnevalsforschung nicht nachvollziehbar, ja widersprüchlich ist. Wie kann das sein, dass mir bislang niemand von sumerischen Motiven berichtet hat, die ich im Kölner Karneval wiederfinden kann?

Severin: Bislang hat man den Karneval, wenn man überhaupt über den Tellerrand geschaut und nicht bei der Einführung der Fastenzeit Halt gemacht hat, bis ins späte Altertum zurückverfolgt. Teilweise wird vermutet, dass die römischen Saturnalien ein dem Karneval ähnliches Fest gewesen seien. Dort habe der Herr seine Sklaven bewirtet.

Marie: Severin, du hast mir erzählt, dass bereits eine Inschrift aus dem alten Orient davon berichtet, dass an einem Tag die Herrin die Sklavinnen bedient habe, die Welt also verkehrt gewesen sei. So etwas scheint mir auch bei den von dir genannten Saturnalien anzuklingen. Aber was soll das mit der verkehrten Welt?

Severin: Der Gedanke der verkehrten Welt basiert auf der Vorstellung, dass die Welt vor ihrer Erschaffung einige Tage und Nächte in Unordnung, also verkehrt gewesen sei, bevor dieses Durcheinander durch göttlichen Eingriff wieder ins Lot gebracht worden ist.

Die vorangegangenen Tage der Wirrnis und des Durcheinanders wurden im Ritual durch sichtbare Handlungen, wie die Bedienung der Sklaven durch den Herrn oder mittels schauspielerischer Aufführungen, während derer Frauen Männerkleidung trugen und umgekehrt, zu Neujahr mimisch nachgestellt.

Marie: In diesem Verhalten kann ich bereits den Grund für Verkleidung und geschlechtsspezifische Rollenumkehrungen im Kölner Karneval erkennen.

Severin: Ja Marie, der Aspekt der verkehrten Welt und der in der Natur zu beobachtende Prozess des Aufblühens und des Vergehens der Vegetation bilden die Urkomponenten des sumerischen Neujahrsfestes. Beide Gesichtspunkte waren mit der Zeiteinteilung und, zunächst jeder für sich, mit der Vorstellung vom Jahresanfang verbunden.

Naturgemäß war der Gesichtspunkt der verkehrten Welt nicht genau zu lokalisieren, da die Erschaffung der Welt nicht an einem äußeren Ereignis festgemacht werden konnte. Später wurden beide Aspekte liturgisch zusammengeführt und im Rahmen eines gemeinsamen Festzyklus zu Neujahr gefeiert und im Ritual nachgestellt.

Marie: Mir hat man erzählt, der Grund für ein solches Verhalten sei der, dass jeder Mensch im Leben mal über die Stränge schlagen und etwas anderes sein möchte als er in seinem alltäglichen Leben ist. Dazu biete ihm der Karneval die beste Gelegenheit.

Severin: Lassen wir das mal unkommentiert stehen. Aber Marie, der Aspekt der Neuerschaffung der Welt ist, wie bereits erwähnt, nur die eine Seite des sumerischen Neujahrszyklus. Die in der Natur wahrnehmbaren Ereignisse des Absterbens und Wiederaufblühens alles Pflanzlichen und natürlich auch die Fruchtbarkeit von Mensch und Tier, waren nach sumerischer Vorstellung eng mit den sichtbaren Erscheinungen am Himmel, dem Auf- und Untergang bestimmter Planeten und Fixsterne sowie deren Unsichtbarkeit für einen längeren Zeitraum verbunden.

Marie: Wie habe ich das nun wieder zu verstehen?

Severin: Nach der religiösen Vorstellung der Sumerer weilte dann, wenn der Planet oder Fixstern am Himmel nicht mehr sichtbar war, was bei dem Planeten Venus, dem Fixstern Sirius sowie dem Sternbild Orion turnusgemäß der Fall ist, die mit diesem Gestirn verbundene Gottheit in der Unterwelt. Auslöser für eine solche Sichtweise waren die in dieser Zeit sichtbaren Prozesse in der Natur. Zeitgleich mit den Ereignissen am Himmel kamen Vegetation und Fruchtbarkeit auf Erden zum Erliegen. Das ganze Geschehen wurde in Mythen gefasst.

Auf diese Weise wurde die hell leuchtende Venus und der in der Antike rot schimmernd wahrgenommene Fixstern Sirius mit der sumerischen Göttin Inanna verknüpft, die zu dieser Zeit neben dem Welterschaffer Enki am Götterhimmel höchstes Ansehen genoss. Ihr wurde in der mythischen Geschichte der Gott-Mensch Dumuzi als Liebespartner zugeordnet, eine mythische Gestalt, die am Himmel mit dem Sternbild Orion identifiziert wurde und auf Erden in Person des weltlichen Königs als dessen Inkarnation in den Tod-Lebens-Rhythmus der Natur einbezogen war.

Der Fixstern Sirius, dessen jährliches Erscheinen im alten Ägypten die jährlich einsetzende Flut ankündigte, welche fruchtbaren Nilschlamm auf die Felder der Bauern spülte, war mit seinem Auf- und Untergang Maßeinheit für die sich hieraus ergebende Zeitabschnittsmessung und ordnete das gefühlsmäßig vorhandene Zeitbewusstsein der Menschen.

Weitere Orientierungspunkte boten die Sonnenwenden und Tag- und Nachtgleichen, kosmische Ereignisse, die wegen ihrer zeitlichen Beständigkeit zunächst den Wechsel des Jahres bestimmten und zu sumerischer Zeit mit einem großen Fest zu Ehren der Göttin gefeiert wurden.

Marie: Mensch Severin, wie hast du dir denn das alles so schnell angeeignet? Das ist ja beeindruckend. Und wie habe ich den Kölner Karneval da einzuordnen? Ich sehe im Moment vor lauter Bäumen den Wald nicht mehr.

Severin: Ich weiß Marie, der Ausflug in die Mythen der Sumerer, noch dazu gespickt mit Himmelskunde, ist zunächst für einen Laien schwer nachvollziehbar. Um jedoch die Strukturen und Motive des Kölner Karnevals und deren Hintergrund zu verstehen, ist es notwendig, dass ich dir zumindest das Wesentliche aus der Mythenwelt erzähle.

Die in diesen alljährlichen Prozess des Werdens und Vergehens eingebundene geschlechtliche Vereinigung von Inanna und Dumuzi gewährleistete die erneute Fruchtbarkeit in der Natur, wobei die sogenannte „Heilige Hochzeit" als Teil des Neujahrsgeschehens im Ritual durch den weltlichen König als Verkörperung des Dumuzi und einer Tempelpriesterin nachgestellt wurde.

Marie: Aber ich nehme doch schwer an, dass diese Handlung nicht für die Öffentlichkeit bestimmt war, sondern im Tempel hinter verschlossenen Türen stattgefunden hat?

Severin: Ja, ganz bestimmt. Das kann nur so gewesen sein.

Noch etwas zur Himmelskunde, Marie. Während des zeitlich begrenzten Verschwindens der Himmelskörper vermutete man die Gottheiten in der Unterwelt. Auch die Kenntnis dieses Mythos ist für das Verständnis der Motive des Kölner Karnevals unbedingt notwendig. Aber hiervon später. Du musst erst das bislang Gehörte verdauen. Ich möchte dich nicht vollends verwirren.

Marie: Das machst du nicht Severin. Bislang kann ich dir noch einigermaßen folgen, wenn es sich auch wie eine Geschichtsvorlesung an der Uni anhört und ich mich voll konzentrieren muss.

Severin: Das freut mich, denn ich muss an dieser Stelle noch etwas hinzufügen. Es mussten zunächst die Voraussetzungen für die „Heilige Hochzeit" geschaffen werden.

Marie: Mach es nicht so spannend. Das werde ich auch noch verkraften.

Severin: Du musst nämlich wissen, dass Inanna nicht immer den sumerischen Göttern als höchste Göttin vorstand. Zudem war sie, da sie nicht Welterschafferin ist, nicht in der Lage, aus sich heraus das Schicksal ihres Geliebten zu bestimmen. Inanna konnte ja nur standesgemäß heiraten. Dazu musste der Gott-Mensch Dumuzi zunächst in den Königsstand erhoben und mit göttlichen Würden ausgestattet werden. Es war deshalb notwendig, diesen und auch seine Verkörperung auf Erden, den weltlichen König, als sichtbaren Nachweis für eine solche göttliche Erhöhung, mit den königlichen Machtinsignien auszustatten.

Ebenso vermochte es Inanna bis dato nicht, das Schicksal der Menschen zu bestimmen.

Die Menschen stellten sich vor, mit dem Beginn eines neuen Jahres werde auch ihr Los für das kommende Jahr bestimmt. Schicksalsbestimmer war bisher der sumerische Gott Enki, von dem man annahm, dass er die Welt erschaffen habe und auch für die Ausstattung der Menschen mit Veranlagungen und dergleichen verantwortlich sei.

Um Innana ihrerseits in den Stand zu versetzen, die Geschicke der Menschen zu bestimmen, bedienten sich die sumerischen Mythenmacher einer simplen Geschichte mit weitreichenden Folgen.

Marie: Severin, warte mal. Kann es sein, dass wir uns deswegen zu Beginn eines Jahres für dessen guten Verlauf Glück wünschen?

Severin: Ja Marie, Inanna wurde in römischer Zeit in ihrer vorbenannten Erscheinungsform Fortuna genannt, was so viel wie Glücksbringerin heißt.

Marie: Haben daher auch die Fußballvereine ihren Namen?

Severin: Ja, genau. Aber jetzt erst einmal zum Mythos. Die Göttin begibt sich mit ihrem Himmelsboot zu Enki, dem Gott der Weisheit, um ihm Ehre zu erweisen. Enki beauftragt seinen Diener, Inanna einen Platz am heiligen Tisch des Himmels anzubieten und ihr Bier einzuschenken. Anlässlich eines Wetttrinkens, aus dem die Göttin als Siegerin hervorgeht, überträgt Enki im Rausch sämtliche, im Mythos im Einzelnen aufgezählten göttlichen Kräfte auf Inanna, alle göttlichen Ehren und Würden sowie das Königtum.

Als Enki wieder nüchtern ist, reut ihn die Übertragung. Er beauftragt seinen Diener, das Himmelsboot, beladen mit den göttlichen Kräften, zurückzubringen.

Einer Anregung ihrer Dienerin folgend, die Kanäle der Stadt mit Hochwasser überfluten zu lassen, sobald das Himmelsboot zum Tor ihrer Heimatstadt Uruk hineinfahre, damit das tiefliegende Boot schneller vorwärts komme, entkommt sie den von Enki geschickten Dämonen und kann sich auf diese Weise einem Zugriff entziehen.

Das Himmelsboot legt am weißen Kai der Stadt Uruk an und die göttlichen Kräfte werden der dort versammelten Bevölkerung, symbolisiert durch ein rotes Gewand, im Einzelnen dargeboten. Enki, inzwischen wieder besänftigt und der Göttin wieder wohlgesonnen, gibt dieser auf, die Weisheitskräfte im heiligen Schrein des Tempels zu lagern und zum Wohle der Stadt und ihrer Bürger einzusetzen.

Marie: Mensch Severin, was für eine Geschichte. Du wirst schon einen Grund haben, mir von diesem Geschehen lang und breit zu berichten. Eine Beziehung zum Kölner Karneval kann ich bislang nicht erkennen. Ich weiß nicht, worauf du hinaus möchtest. Warum erzählst du mir diese Geschichte so ausführlich?

Severin: Warte ab Marie. Bei dieser Geschichte, wie du sie nennst, handelt es sich neben der Darstellung der verkehrten Welt, nachgestellt im sumerischen Ritual durch Verkleidung und Rollentausch, sozusagen um das Kernstück des Karnevals, man kann sogar sagen, um das, was den Karneval in seinem Innersten ausmacht. Auf diesen Mythos gründen alle Motive und Bräuche des Kölner Karnevals, abgesehen von dem Motiv der verkehrten Welt.

Marie: Mach es nicht so spannend Severin, erzähl schon.

Severin: Die Geschichte schildert, auf welche Weise Inanna die göttlichen Kräfte erhält, diese zu den Menschen bringt und nunmehr als deren Inhaberin zum Wohle der Menschen und des Königs einsetzt.
Ich muss noch hinzufügen, dass Enki der Göttin Inanna auch die Fähigkeit gegeben hat, in die Unterwelt hinabzusteigen und diese wieder lebend zu verlassen. Aber hierzu später.
Da sich, wie du schon gehört hast, der Jahresrhythmus, das Absterben und Aufblühen der Natur als Äquivalent zum

Verhalten der Gestirne am Himmel, in jedem Jahr wiederholt, feierten die Menschen die Ankunft des Himmelsbootes alljährlich mit ausgelassener Freude und in froher Erwartung.

Inanna hatte mit den Weisheitskräften auch das Königtum von Enki erhalten, mit welchem sie Jahr für Jahr den weltlichen König neu mit den königlichen Insignien, Thron, Krone, Zepter und Schwert, ausstattete. Warum sich dieses alljährlich wiederholte und im Ritual mimisch nachgestellt wurde, wirst du gleich verstehen, wenn ich dir die Sache mit der Unterwelt erzähle, in die man Dumuzi wegen einer Verfehlung, der Göttin gegenüber, verbannt hatte.

Marie: Was ich jetzt schon erkennen kann ist das Trinkmotiv, das durch das Wetttrinken zwischen dem Gott Enki und Inanna dargestellt wird.

Severin: Ja Marie. Wie du weißt, wird auch während des Kölner Karnevals viel Alkohol getrunken. Dabei sollen einem Bericht der Bildzeitung nach 182 Millionen Euro allein in Kölner Kneipen ausgegeben werden. Der Karneval soll insgesamt eine Wirtschaftskraft von circa 600 Millionen Euro haben. Wenn du so willst, dann gibt der sumerische Mythos die Trinkerei geradezu vor, ja er glorifiziert sie sogar. Denn der Alkohol, so heißt es, habe den Gott Enki zur Herausgabe der göttlichen Kräfte veranlasst.

Aber das mit dem Trinken sollte in Maßen geschehen. Ich halte es eher mit der Göttin, die auch nach dem Wetttrinken noch einen klaren Kopf behält. Hätte Enki keinen Vollrausch gehabt, wäre es wohl nicht zur Übergabe der göttlichen Kräfte gekommen. Also, Glück gehabt.

Marie: Der Hinweis, dass der weltliche König Jahr für Jahr mit der Königswürde ausgestattet wird, erinnert mich an die Proklamation des Karnevalsprinzen. Auch diesem werden alljährlich die Insignien der Macht ausgehändigt.

Severin: Ja Marie, genau richtig. Und warum das so ist, das möchte ich dir gleich erzählen. Erst sollst du wissen, warum das Fest Karneval heißt. Das passt hier gerade hin, deswegen möchte ich es jetzt ansprechen. Du wirst staunen! Das, was die Karnevalsforschung bislang herausgefunden hat, kannst du getrost vergessen.

Marie: Hey Severin, sei doch nicht so. Die wussten es halt nicht besser.

Severin: Ja gut, aber dann soll man sich neuen Erkenntnissen gegenüber auch öffnen und nicht selbstherrlich auf seiner eigenen Meinung bestehen.

Bislang wird die Bezeichnung Karneval überwiegend mit „Fleischwegnahme" und „Fleisch lebe wohl" erklärt.

Marie: Ja, darüber haben wir schon gesprochen. Das geht nur, wenn man das Wort Karneval mit der weiteren in Gebrauch befindlichen Festbezeichnung Fastnacht und der Fastenzeit verknüpft. Andernfalls wäre diese Übersetzung sinnlos.

Nach dem, was du eben vom Himmelsboot der Göttin Inanna erzählt hast, macht ein „carrus navalis", ein Schiffskarren als Namensgeber für das Fest, schon eher Sinn.

Severin: Bevor ich dir von der meines Erachtens einzig richtigen Ableitung des Wortes Karneval erzähle, möchte ich von den Erkenntnissen der Brauchtumsforschung berichten, die sich natürlich über Fest und Bezeichnung auch Gedanken gemacht hat.

Die Wiederbelebung des alten Volksfestes Karneval soll, so die Karnevalsforschung, durch einige Männer der Kölner Oberschicht in der Gaststätte Weinhäuschen erfolgt sein.

Marie: Den Namen Karneval kann das Fest ja logischerweise, wenn man diesen mit Fleischwegnahme übersetzt, erst mit der Einführung der Fastenzeit durch die Kirche erhalten haben. Wann soll denn das gewesen sein?

Severin: Eine gute Frage, ich weiß es nicht.

Die erste Aktion, die diese Männer planten, sei ein straff organisierter Maskenzug gewesen, der am Fastnachtsmontag 1823 durch die Straßen Kölns gezogen sei. Warum das so war, wird nicht mitgeteilt.

In den kommenden Jahren, so heißt es verallgemeinernd, hätten sich, zunächst in ihren Grundzügen, die wesentlichen Strukturen des organisierten Karnevals herausgebildet. Festkomitee, Sitzungen, Rosenmontagszug, Maskenball im Gürzenich, der Held und spätere Prinz Karneval, Jungfrau, Bauer und die Roten und Blauen Funken.

Marie: Und das alles so aus dem Nichts heraus? Ohne Vorgaben, ohne Anlehnungen an irgendetwas?

Severin: Scheint so. Jedenfalls wird diesbezüglich nichts weiter ausgeführt. Das von den Männern im Weinhaus ins Leben gerufene Fest sei absichtlich nicht nach dem alten Begriff Fastnacht benannt worden, so heißt es dort. Vielmehr habe man von Karneval gesprochen, einer Bezeichnung, die aus Italien gekommen und erst seit etwa 1700 im Rheinland bekannt gewesen sei.

Marie: Was die Brauchtumsforschung so alles weiß. Das hört sich ja so an, als ob das Fest zunächst unter der Bezeichnung Fastelovend vor der Fastenzeit gefeiert worden ist.

Etwa um 1700 ist dann die Bezeichnung Karneval aus Italien gekommen. Diese Bezeichnung sei 1823 von der Männerrunde in Köln aufgegriffen worden. Warum und weshalb wird nicht erwähnt.
Hat das Fest, das am Fastelovend gefeiert wird, nunmehr den Namen Karneval erhalten, weil den Leuten die italienische Bezeichnung Karneval besser gefallen hat als die Kölsche Festbezeichnung Fastelovend? Wie hieß das Fest vorher? Hat die Bezeichnung, wenn es sie denn gab, auch etwas mit Fleischwegnahme zu tun gehabt?

Severin: Hör auf Marie, du machst mich ja ganz kirre. Aber es geht noch weiter.

Im Jahre 1823 habe man einen Helden Karneval und keinen Helden Fastnacht gekürt. In der Folgezeit seien Karnevalsgesellschaften und keine Fastnachtsgesellschaften gegründet worden.

Allein an solchen Kleinigkeiten habe man erkennen können, dass die Initiatoren des ersten Rosenmontagszuges etwas Neues angestrebt hätten.

Man habe gleichsam an der Wiege des modernen Karnevals gestanden.

Das Konzept der Weinhäuschenrunde vom Karneval mit organisiertem Umzug sei, so die Brauchtumsforschung, die Initialzündung für eine Erneuerung des Karnevals gewesen.

Marie: Wow, Severin, das hört sich ja an wie eine Reformation des Fastnachtfestes. Als sei dieses bis 1823 unterentwickelt gewesen und dann auf ein festes Fundament gestellt worden.

Severin: Ähnlich wie in Köln sollen auch andere rheinische Städte ihre Karnevalsbräuche nach dem Vorbild Kölns reformiert haben.

Marie: Klingt nach einer großen Reformationsparty, wobei Köln die Vorreiterrolle übernommen hat.

Da fällt mir ein, dass Martin Luther eine Fastenzeit vor Ostern abgelehnt hat. Heißt das, dass evangelische Christen eigentlich von der Fastnacht ausgenommen sind?

Severin: Ach lass das Marie! Ich glaube, wir sollten uns dem Ganzen über die Erörterung der wirklichen Zusammensetzung der Bezeichnung Karneval nähern.

Marie: Kommt jetzt der „carrus navalis", der Schiffskarren zum Einsatz?

Severin: Ganz so einfach ist es nicht, aber du bist schon nahe dran.

Ich habe dir doch erzählt, dass die Übertragung der göttlichen Kräfte auf Inanna im Rahmen eines Wetttrinkens mit dem Gott Enki zum Kernstück des sumerischen Neujahrszyklus gehört hat. Die übertragenen Weisheitskräfte wurden dem Mythos nach mit einem Himmelsboot transportiert, eine Szene, die auf Erden mittels eines festlich geschmückten Schiffes nachgestellt worden ist.

Es versteht sich eigentlich von selbst, dass die Menschen damals diesem Ereignis den Namen „car-navalis" gegeben haben, aber nicht im Sinne von Fleischwegnahme, wie du dir denken kannst.

Man feierte den Tag, an dem das Schiff angekommen ist, dessen Inhalt so sehnsüchtig erwartet wurde.

Der Autor des von mir mit großer Aufmerksamkeit gelesenen Buches, der das Himmelsboot in den Titel seines Buches aufgenommen hat, hat herausgefunden, dass in den Schiffsaufbau des realen Transportschiffes ein heiliger Schrein integriert war, der die Bezeichnung „c a r" trug.

In diesem Schrein befand sich das rote Prunkgewand, das die göttlichen Kräfte symbolisierte.

Dieses Kleidungsstück wurde im Rahmen des alljährlich zu Neujahr stattfindenden Festzuges vom König der Stadt getragen, welches diesen als Günstling der Göttin auswies.

Marie: Kann es sein Severin, dass es sich bei dem roten Prunkgewand des Prinzen Karneval um ein ebensolches Gewand handelt?

Severin: Ja, genau! Alte Quellen berichten, dass ein solches Prunkgewand beim alljährlichen Neujahrszeremoniell von den etruskischen Königen und sodann von den römischen Consuln und Kaisern getragen worden ist.

Marie: Jetzt hast du mir die Herkunft der Silbe „c a r" erklärt. Wie ist es denn zu der heutigen Bezeichnung „car-navale" gekommen?

Severin: Der Zusatz „navalis" ist eine Erweiterung, die der Bezeichnung „c a r" auf italischem Boden hinzugesetzt worden ist. Es handelt sich um einen Zusatz, der die Funktion des „car" als Schrein, im Aufbau des Schiffes befindlich, näher beschreibt. Die genaue Übersetzung des lateinischen Ausdruckes „navalis" bedeutet: „zum Schiff gehörig." Man könnte deshalb frei übersetzen: Der auf dem Schiff befindliche Schrein, der Tabernakel.
Dieser, man würde heute sagen, Reliquienschrein, der das rote Gewand, die göttlichen Kräfte transportierte, stand im Fokus und war Namen gebend für die Feierlichkeit zu Neujahr.

Marie: Das habe ich jetzt verstanden. Aber was hat das mit der Prinzenproklamation in Köln zu tun und wie ist der Festgebrauch nach Köln gekommen?

Severin: Das sind zwei Fragen, die ich nicht in einem Satz beantworten kann. Zunächst will ich dir erklären, was das mit der Prinzenproklamation soll.
Hinter all dem steht der Mythos von Inannas Gang zur Unterwelt.

Marie: Nicht schon wieder ein Mythos.

Severin: Doch Marie, da musst du jetzt durch. Ich habe dir bereits erzählt, dass der Gott Enki Inanna mit der Übertragung der göttlichen Kräfte auch die Unsterblichkeit verliehen hat. Der Zustand der Unsterblichkeit der Göttin ist den Vorgängen am Himmel entnommen worden. Die Menschen beobachteten, dass sowohl der Planet Venus als auch der Fixstern Sirius, nach längerer Zeit der Unsichtbarkeit, wieder am Nachthimmel auftauchte. Sie glaubten, dass sich die Göttin, die sie mit den beiden Gestirnen verbanden, während des Zeitraumes der Unsichtbarkeit der Himmelskörper in der Unterwelt befinde.

Dort, so heißt es im Mythos, sei Inanna zunächst zu Tode gebracht worden und habe sich im Todesschlaf befunden. Auf Veranlassung Enkis wird sie mit dem Wasser des Lebens besprengt, erwacht aus ihrem Todesschlaf und kann die Unterwelt unter der Auflage verlassen, für sich Ersatz zu stellen.
Während ihrer Abwesenheit hat es sich ihr Gemahl Dumuzi, verkörpert durch den weltlichen König, gut gehen lassen. Sie trifft ihn an, während er auf seinem Thron sitzt und sich allen weltlichen Genüssen hingibt, von Trauer über das vermeintliche Schicksal der Göttin keine Spur.
Inanna, über dieses Verhalten sehr erbost, lässt Dumuzi in die Unterwelt bringen, wo ihm an der Pforte zunächst von den Unterweltdämonen seine königlichen Insignien abgenommen werden und er sodann auf Anordnung der Göttin getötet wird.

Als Garant für Fruchtbarkeit kam infolge seines Todes an der Erdoberfläche jegliches Aufkeimen und Erblühen in der Natur zum Erliegen. Die Göttin bereut daraufhin ihr Vorgehen und Dumuzi darf die Unterwelt für jeweils ein halbes Jahr im Wechsel mit seiner Schwester verlassen, nachdem er sich bei der Göttin für sein verwerfliches Verhalten entschuldigt hatte.

Marie: Das mit dem halben Jahr hört sich bereits nach dem Zeitraum einer Session an.

Severin: Ja Marie, so ist es auch. Bei Verlassen der Unterwelt werden Dumuzi die königlichen Machtsymbole wieder ausgehändigt. Bevor ihm diese jedoch wieder übergeben werden, wurde ihm das Versprechen abgenommen, sich sowohl um den Tempel der Göttin zu kümmern als auch für das Wohl der Stadt Sorge zu tragen.

Im Gegenzug stellte die Göttin Dumuzi in Aussicht, ihm im Kampf zu Seite zu stehen. Diese Szene wurde bei den Sumerern, unter Beteiligung des Hohepriesters und des Königs, der, wie du weißt, die Personifizierung Dumuzis auf Erden war, im Ritual mimisch nachgestellt.

Marie: Jetzt weiß ich, was es mit der Proklamation in Köln auf sich hat. Der Prinz Karneval, früher der König, muss diese Prozedur der Aushändigung der Insignien in jedem Jahr als äußeres Zeichen der Wiedererlangung seiner Macht „nach Verlassen der Unterwelt " über sich ergehen lassen.

Severin: Ja Marie, die Proklamation ist somit wesentlicher Bestandteil des Karnevalszyklus, wenn ich es so bezeichnen darf und ist keinesfalls, wie es die Brauchtumsforschung uns weismachen will, aus dem Nichts heraus entstanden, nur weil es einige Männer aus der Kölner Oberschicht so wollten.

Marie: Das halbe Jahr, währenddessen Dumuzi auf der Erde verweilt, ist demnach der Zeitraum einer Session, an deren Ende Dumuzi sich, so lautet der Deal, wieder in die Unterwelt begeben muss. Für uns sichtbar, wird an seiner Stelle der Nubbel verbrannt.

Severin: Das stimmt. Am Aschermittwoch wird die mythische Erscheinung Dumuzi, in Gestalt des Kölner Nubbels, wieder in die Unterwelt verbannt, was durch die Verbrennung der Strohpuppe zum Ausdruck kommen soll. Auch das Dreigestirn muss nach der Session die während der Proklamation verliehenen Insignien zurückgeben.

Marie: Das leuchtet mir ein. Aber wie sind all diese im Ritual nachgestellten Glaubensvorstellungen der Sumerer nach Köln gekommen?

Severin: Das ist eine längere Geschichte. Aber ich will mich kurzfassen und versuchen, die Ereignisse auf der jeweiligen Kulturstufe zusammengefasst darzustellen. Das beschriebene Ritual zu Neujahr ist mit den Etruskern, den Gründern der Stadt Rom, nach Italien gelangt. Bei den Etruskern handelt es sich um ein Volk, das sich selbst Rasna nannte und sich auf italischen Boden mit der dort lebenden Urbevölkerung zum Volk der Etrusker vereinigte. Der Autor des von mir gelesenen Buches hat sich vor dessen Abfassung lange Zeit mit den Etruskern befasst. Dieser konnte an Hand von archäologischen

Zeugnissen die dort gelebten Glaubensvorstellungen mittels religiöser Kunstwerke und Symbole, die an das sumerische Religionsgefüge anknüpfen, ausmachen und nachweisen, dass die Rasna, als sie Italien erreichten, bereits mit den sumerischen Glaubensvorstellungen in Berührung gekommen waren. Diese Kenntnis versetzte ihn in die Lage, das Religionsgefüge der Etrusker und Römer aufzuschlüsseln.

Marie: Kannst du mir das ein wenig näher erklären, das geht mir etwas zu schnell.

Severin: Der Autor konnte unter anderem ermitteln, dass das Epiphaniesymbol der Göttin, d.h. das Symbol, welches in Form des sumerischen Schilfringbündels ihre Gegenwart und Präsens bei rituellen Handlungen anzeigte, mit den späteren römischen Fascien, den Rutenbündeln, identisch ist.

Das Schilfringbündel wandelte sich im Laufe der Zeit durch die Verwendung von zusammengestellten und geschnürten Weidenruten zum römischen Rutenbündel. Die Fascien wurden bei Prozessionen und auch in Alltagssituationen, in denen die Gegenwart der Göttin gefordert war, von Liktoren, den Bündelträgern, mitgeführt. Du kannst dir dies in etwa vorstellen wie bei einer katholischen Fronleichnamsprozession, wo das Allerheiligste in Gestalt der Hostie, ein Epiphaniesymbol für die Anwesenheit Christi, in der vergoldeten Monstranz mitgeführt wird.

Marie: Ja, das kann ich nachvollziehen. Und wie ist das alles von den Etruskern zu den Römern gekommen?

Severin: Ich möchte wieder nur erzählen, was unbedingt notwendig ist. Eine detaillierte Darstellung würde jetzt hier zu weit führen. Nur so viel:

Die Etrusker gründeten Rom und stülpten der in dieser Gegend lebenden Bevölkerung ihre Glaubensvorstellung und mitgebrachten Ritualvorschriften über. Stadtgöttin von Rom war unter der Herrschaft der etruskischen Könige Uni (Juno), eine etruskische Erscheinungsform der sumerischen Inanna, die bereits als Stadtgöttin den etruskischen Städten vorstand.

Mit der Vertreibung der etruskischen Könige aus Rom und der Einführung des Juppiterkultes wurde Uni (Juno) dem Juppiter, der zwischenzeitlich zum höchsten Gott gekürt worden war, zur Seite gestellt. Die auf Uni (Juno) ausgerichteten Ritualvorschriften wurden lediglich auf Juppiter umgeschrieben, ihrem Wesen und ihren vorherigen Inhalten nach aber beibehalten.

Insbesondere in der Zeit der Römischen Republik trug die Übernahme und strikte Einhaltung der Ritualvorschriften, die eigentlich auf die orientalische Göttin zugeschnitten waren, zu Verhaltensweisen und sonstigen Ausformungen in Religion und Politik bei, die selbst von den Römern nicht mehr verstanden worden sind.

Marie: Dann kann ich mir vorstellen, warum auch die Brauchtumsforscher es bisher nicht verstanden haben, die Motive des Karnevals aufzuschlüsseln, wenn nicht einmal die Römer mehr wussten, was genau hinter den Ritualen steckte.

Aber wie war das denn mit der Proklamation, wie ist diese dann nach Köln gekommen?

Severin: Nach dem Wandel des römischen Staatsgebildes in eine Republik wurde, wie du bereits weißt, Juppiter zum höchsten Gott Roms bestimmt. Die bisherige Verbindung zwischen dem König als Personifizierung der mythischen Gestalt Dumuzi und der Göttin hatte nach dem Sturz des Königs ausgedient. Den Regeln der Republik gemäß, wurden zu Anfang des Jahres jeweils zwei Consuln in ihr Amt eingeführt.

Die bei der Ernennung der Consuln vorgenommenen Rituale und die diesen zugrunde liegenden Ritualvorschriften wurden jedoch inhaltlich nicht geändert und weisen daher nach wie vor auf das sumerische Religionskonzept von der jährlichen Erneuerung des Königtums hin, wie du es aus dem sumerischen Mythos bereits kennst.

Die Consuln mussten, bevor ihnen die Machtinsignien übergeben wurden, ebenso wie Dumuzi, versichern, sich um die Belange des römischen Staates zu kümmern.

Marie: Mensch Severin, da erkenne ich jetzt die Proklamation in Köln wieder, da geht es auch so vornehm zu und bestimmte Rituale werden auch eingehalten.

Severin: Du wirst gleich noch viel mehr wiedererkennen, wenn ich dir von den einzelnen Motiven berichte, die den Kölner Karneval tragen.

Ebenso wie am Rosenmontag in Köln formierte sich in Rom zu Neujahr zu Ehren der neu ernannten Consuln ein großer Festzug, währenddessen die Bevölkerung Roms am Straßenrand stand und dem Festzug zujubelte.

Während des Umzuges warfen, so weiß man es aus der Kaiserzeit, die Kaiser Münzen mit dem eingravierten Bildnis der Göttin Fortuna in die Menge, eine Handlung, die dir auch nicht unbekannt sein dürfte Marie.

Marie: Kamelle und Strüßje!!!

Severin: Ja genau. Was es damit auf sich hat, erzähle ich dir später. Unter den etruskischen Königen fanden auf dem Kapitol Kampfspiele und Wagenrennen statt, die in späterer Zeit in den Circus Maximus verlegt wurden.

Ein ähnliches Ritual finden wir in Köln während der Fastnachtszeit in Form der Ritterspiele. Die Brauchtumsforschung berichtet lang und breit darüber, kommt aber hinsichtlich der Einordnung dieses Rituals zu abstrusen Ergebnissen. Auch hierzu später mehr.

Marie: Und was hat all das mit der sumerischen Göttin zu tun? Du hast doch gesagt, dass während der römischen Republik Juppiter der höchste Gott war und aus der Antike berichtet wird, dass diesem Gott und nicht Uni (Juno) während des Prozessionszuges zugejubelt worden ist.

Severin: Wegen der Umschreibung der Ritualanweisungen auf Juppiter - man hat diese quasi eins zu eins übernommen - ist Inanna (Uni/ Juno) als eigentliche Schirmherrin der Aufzüge, ebenso wie in ihren weiteren römischen Erscheinungsformen in Gestalt von Viktoria und Fortuna, in der Bevölkerung nicht mehr wahrgenommen worden.

Interessant ist in diesem Zusammenhang, dass trotzdem die Statue Fortunas in einem Aufzug im mittelalterlichen Rom auf einem Wagen mitgeführt worden ist und zwar unter den Augen des Papstes, wie ein Augenzeuge berichtet.

Bei den nach der Amtseinführung der Consuln zu Neujahr mit großem Aufwand inszenierten Festprozessionen ist seitens der Protagonisten auch Verkleidung und Mummenschanz zum Einsatz gekommen.

Wie der Autor des von mir gelesenen Buches nachweist, ist der Kölner Rosenmontagszug von seiner Struktur her diesen Festzügen zu Neujahr nachgebildet. Zuvor sind auf dem Kapitol die Kampfspiele abgehalten worden, die man in späterer Zeit in den Circus Maximus ausgelagert hat.

Marie: Das hört sich ja spannend an. Wie war das nochmal mit den Ritterspielen in Köln Severin, wie sind diese einzuordnen?

Severin: In der neueren Brauchtumsforschung, deren Ergebnisse sich das Festkomitee und die Stadt Köln zu eigen gemacht hat, werden den Kölner Fastnachtturnieren, wie man sie dort nennt, zwanzig Buchseiten eingeräumt, ohne eine Verbindung mit den Kampfspielen der Neujahrsfeste in der Antike auch nur zu erahnen.

Marie: Wie denn auch, wenn nicht einmal die Römer die Inhalte der dahinterstehenden Mythen gekannt haben.

Severin: Die typischen Elemente der Fastnacht, so heißt es in dem Buch des Brauchtumsforschers aus Bonn, der leider verstorben ist, seien erstmals im 14. Jahrhundert in den Quellen fassbar.

Essen, Trinken und übermäßiges Schlemmen in geselliger Runde, habe seit dem 13. Jahrhundert zu den Fastnachtfeiern gehört, wobei im Übermaß dem Wein zugesprochen worden sei.

Nebenbei bemerkt, Marie, bereits die Sumerer feierten die Ankunft des Himmelsbootes mit großen Festgelagen und reichlich Alkohol.

Über den Bezug dieses Brauches zum Wetttrinken der Göttin mit dem Gott Enki, aus welchem die Göttin als Siegerin hervorgegangen ist, hatte ich dir erzählt.

Darüber hinaus spricht die Brauchtumsforschung von einem zusätzlichen Element, das neben der ausgelassenen Trinkerei ins öffentliche Fastnachtgeschehen eingedrungen sei, das nach den heutigen Vorstellungen aber gar nicht so recht zum Fastnachtfeiern passe.

Marie: Jetzt bin ich aber gespannt!

Severin: Die Rede ist von den eben erwähnten Ritterspielen.

Marie: Aber das passt doch gerade in den liturgischen Ablauf des Karnevals, wenn ich an die Kampfspiele auf dem Kapitol denke.

Severin: Ja Marie, du hast gut aufgepasst. Der Brauch ist Bestandteil des sumerischen Karnevalsfestes zu Neujahr, wie du ihn bis jetzt kennengelernt hast, hat aber mit Fastelovend und Fastenzeit nichts zu tun. Kein Wunder, dass diese Turniere bislang von der Brauchtumsforschung nicht eingeordnet werden können.

Durch die Kampfspiele wurde die Vereinbarung zwischen der Göttin und dem König nachgestellt, wonach diese ihm im Gegenzug zu seinem Versprechen, sich um Tempel und Bevölkerung zu sorgen, Beistand in der Schlacht verspricht. Diese Übereinkunft konnte im Ritual nur in Form eines Wettkampfes dargestellt werden. Bei den Fastnachtsturnieren in Köln handelt es sich um solche Wettkämpfe.

Diese Turniere, so die Brauchtumsforschung, hatten einen hochoffiziellen Charakter. Die Ausrichtungsmodalitäten seien vom Rat der Stadt Köln eigens in einer Turnierordnung festgelegt worden.

Marie: Aber daran zeigt sich doch, und nur so kann es gewesen sein, dass die Stadt Köln seit alters her, das heißt von Anfang an, federführend in Sachen Karneval war. Dieser scheint einen hoch offiziellen Charakter gehabt zu haben und ist nicht von einem von der Verwaltung der Stadt getrennten Festkomitee geführt worden, das heute federführend im Karneval ist und jede Menge mit der Organisation zu tun hat. Dessen Einsatz, das muss auch mal gesagt werden, ist bewundernswert und erfordert eine Menge an Zeit und logistischer Vorbereitung, die von einer Vielzahl neben der beruflichen Tätigkeit geleistet wird.

Severin: Die in den Stadtrechnungen auftauchenden Kosten betreffen Ausgaben, die im Rahmen des Turniers anfielen und von der Stadt Köln getragen wurden. In den siebziger Jahren des 13. Jahrhunderts sollen die Turniere zum festen

Bestandteil der Kölner Fastnacht gehört haben. Sie seien zu einem im Jahresrhythmus immer wiederkehrenden Ereignis geworden, das nur in Krisenzeiten ausgefallen sei.

Marie: Jetzt redest du auch schon von Fastnacht. Ich erinnere daran, dass die Kampfspiele Bestandteil der sumerischen und nachher der römischen Neujahrsfestordnung und damit des Karnevals waren, von festen Ritualvorschriften getragen wurden und das Unterstützungsversprechen der Göttin im Kampf mimisch nachgestellt haben.

Severin: Ja Marie, ich weiß, aber in der Brauchtumsforschung werden die Begriffe Fastnacht und Karneval fälschlich synonym gebraucht. Die Sache mit der Fastnacht ist im Übrigen von der Kirche ins Leben gerufen worden, nachdem diese des Festtreibens zu Ostern überdrüssig geworden war und den Feierlichkeiten eine Fastenzeit vorgeschoben hat.
Du musst nämlich wissen, dass in der Antike Neujahr und Karneval immer mit dem Datum des später von der Kirche vereinnahmten Osterfesttermines verbunden war.

Durch die Reform Julius Caesars wurde der Neujahrstermin auf den 1. Januar verschoben.
Die Kirche selbst hat dieses Datum nicht aufgenommen, sondern das Kirchenjahr mit dem Osterfest beginnen lassen, möglicherweise, weil man in Jesus Christus den Anbeginn aller Zeitrechnung sah. Wie dem auch sei. Jedenfalls wollte die Kirche die Auferstehung Jesu nicht mit einem in ihren Augen so vulgären Festtreiben in Verbindung bringen. Aber hiervon später, Marie.

Marie: Nun gut. Aber erzähle mir noch etwas mehr von den Turnieren in Köln.

Severin: Die Turniere rund um den Kölner Karneval, ich benutze jetzt das korrekte Wort Karneval, sind keine Kölner Besonderheit. Kann ja auch gar nicht sein. Die Festordnung des sumerischen Neujahrsfestes in Gestalt der vorgegebenen Ritualvorschriften ist in den Ländern, die von den sumerischen Religionsvorstellungen vereinnahmt worden sind, mehr oder weniger erhalten geblieben. Turniere wurden auch in Florenz und Venedig veranstaltet.

Marie: Du kennst doch bestimmt den alljährlich in Siena stattfindenden Corso, einen Reiterwettkampf zwischen den verschiedenen Bezirken der Stadt. Auch dieser Wettkampf könnte ein Relikt aus alter Zeit sein.

Severin: Ja, Köln ist da kein Einzelfall. Wenn die Turniere auch während der Karnevalszeit stattfanden, so waren sie nicht in erster Linie eine Vergnügung der Volksmassen, sondern gehörten mit eigener Festordnung zum religiösen Repertoire und es waren nicht, wie die Brauchtumsforschung uns glauben machen will, Selbstdarstellungsveranstaltungen des herrschenden Patriziergeschlechtes in Köln.
Wie akribisch der Rat der Stadt Köln an den Vorgaben der Turnierordnung festhielt, machen weitere auf diese bezogene Verfügungen des Rates deutlich, von denen berichtet wird.

Marie: Ebenso akribisch haben die Römer an den überlieferten, auf eine weibliche Göttin bezogenen Ritualvorschriften festgehalten, auch noch, nachdem diese eins zu eins auf den männlichen Gott Juppiter umgeschrieben worden waren.

Severin: Ja, Festordnungen müssen sein und eingehalten werden, egal was kommt.

Der Umstand, dass sogar die Turnierordnung das römische Köln erreicht hat und die Reiterspiele vom Rat der Stadt finanziell unterstützt und die Einhaltung der Vorgaben akribisch beobachtet worden ist, lässt den erlaubten Schluss zu, dass diese Turnierordnung, wie andere Dinge auch, als Teil der Neujahrsfestordnung aus dem Alten Orient zunächst italischen Boden erreicht hat und sodann mit der Gründung der Colonia Claudia Ara Agrippinensium nach Köln gekommen ist. Zu dieser Zeit war von Fastenzeit noch keine Rede, da das Christentum noch nicht bis in den Kölner Raum vorgedrungen war.

Marie: Auch wenn ich dich jetzt nerve Severin: Wie ist denn nun das sumerische Religionsgefüge in Gestalt der Neujahrsfeierlichkeiten mit all seinen Motiven und rituellen Simulationen nach Köln gekommen?

Severin: Die grundlegenden Motive wie die Erneuerung des Königtums, der wir ja die alljährliche Prinzenproklamation zu verdanken haben sowie die hiermit verbundenen Aufzüge zu Neujahr, haben auf ganz natürlichem Wege auch das römische Köln erreicht.
Römische Quellen berichten, dass alle größeren Städte des Imperium Romanum den Antritt der neuen Consuln in Rom und die später mit dem Kaiser verbundenen „vota pro princeps",

feierten, was so viel bedeutet wie Verpflichtungserklärung gegenüber einer höher gestellten Person.

Marie, erinnere dich in diesem Zusammenhang an den Pakt der Göttin mit dem König im sumerischen Mythos und an den Neujahrszyklus insgesamt.

Kuriere brachten die Nachricht über die Ernennung der Consuln zu Neujahr überall hin.

Ebenso wird aus den Provinzen von Umzügen berichtet, bei denen reichlich Mummenschanz zu beobachten gewesen sei. Die römischen Feierlichkeiten formten sich unter Beachtung liturgischer Grundsätze auch in den Provinzen zu einem festen Brauch, so heißt es in den Quellen. Der konservative Charakter römischer Tradition, was die religiöse Ordnung anbelangte, zu vergleichen mit den unverrückbaren Grundwahrheiten der Christlichen Kirche, brachte es mit sich, dass die Festriten zu Neujahr auch von den Einwohnern Kölns beachtet wurden, zu denen auch die romanisierten Angehörigen germanischer Stämme gehörten. Diese Festordnung, die eng mit den römischen Religionsvorstellungen verbunden war, hat sich über die Jahrhunderte bis in die Neuzeit erhalten und formt bis heute die Strukturen und die Motive des Kölner Karneval.

Marie: Ja, so oder so ähnlich muss es gewesen sein. Ich kann mir nicht vorstellen, dass die Bewohner der Colonia und späteren Kölner je ein Neujahrsfest ausgelassen haben, wobei der ein oder andere Brauch sich teilweise geändert oder verflüchtigt haben mag.

Severin: Da fällt mir zu den Turnieren noch ein, dass diese als Bestandteil der Neujahrsfestordnung, als diese nach einem

Streit der Stadt Köln mit dem Kölner Erzbischof im Jahre 1497 ausfielen, in der Folgezeit ganz aus dem Karnevalsgeschehen in Köln verschwunden sind.

Die Mutmaßung der neueren Karnevalsforschung, dass die tiefere Ursache des Wegfalls der Turniere wohl darin gelegen habe, dass sich, wie im zeitgenössischen Kriegswesen, der ritterliche Zweikampf schlichtweg überlebt habe und ein städtisch-erzbischöflicher Streit nur der Anlass für den Untergang der Turniere gewesen sei, ist angesichts der eigentlich notwendigen Einbindung der Turniere in das karnevalistisch geprägte Neujahrsritual als überholt anzusehen.

Ach, übrigens Marie! In Köln wird von Reifentänzen und Scheinkämpfen bei früheren Rosenmontagszügen berichtet, was meines Erachtens auch unter vorbenanntem Aspekt zu betrachten ist und möglicherweise als Ersatz gedient haben mag.

Marie: Severin, jetzt haben wir so lange über die Turniere geredet. Du hast versprochen, mir noch etwas über die anderen Motive und wahrnehmbaren Erscheinungen im Kölner Karneval zu erzählen. Ich denke hier an die Proklamation, den Prinzen, die Jungfrau und den Bauern. Kannst du mir auch etwas über die Herkunft des Ausrufes „Alaaf" erzählen?
Insbesondere interessiert mich die Rolle der Kirche. Wie gelang es dieser, dem karnevalistischen Neujahrstreiben mit der Einführung der 40-tägigen Fastenzeit eine neue Richtung zu geben?

Severin: Ja, Marie, auch das möchte ich zusammenfassend darstellen. Wenn du mehr wissen möchtest, kannst du das in dem Buch, mit dem ich mich auf unser Gespräch vorbereitet habe, nachlesen.

Was den Prinzen Karneval anbelangt, übrigens nicht Prinz Fastnacht, so wirst du auch bei dieser Person Motive aus sumerischer Zeit finden.

In der Brauchtumsforschung heißt es, dass 1823 zurückgeschaut worden sei. Es habe eine Rückbesinnung auf alte fastnachtliche Traditionen und Bräuche sowie deren demonstrative Wiederbelebung durch die Zeremonie der Inthronisierung des Helden Karneval gegeben.

Marie: Aber da haben wir es doch! Die Worte fastnachtliche Tradition müssen wir durch karnevalistische Tradition ersetzen. Das erinnert mich wieder an eines der wesentlichsten Motive anlässlich der Feierlichkeiten zum Jahreswechsel in sumerischer Zeit, nämlich auf die wiederholte Ausstattung Dumuzis mit dem Königtum nach seiner Befreiung aus der Unterwelt sowie an die Neuinvestitur, die an seinen weltlichen Verkörperungen, den sumerischen und etruskischen Königen und später den Consuln und Kaisern vorgenommen wurden.

Severin: Gut aufgepasst Marie. In der Brauchtumsforschung heißt es demgegenüber, dass der Held nur für kurze Zeit der Souverän aller Jecken gewesen und von romantischen Reformern als Held Karneval inthronisiert worden sei.

Der Held habe eine goldene Krone mit einem Pfauenschweif, dem uralten Symbol für Unsterblichkeit, getragen. In der rechten Hand habe er ein Zepter gehalten, in der linken Hand eine Waffe, die man nicht eigentlich Schwert nennen könne. Diese Waffe sei die berühmt gewordene Pritsche, die auf die

Fruchtbarkeitsrute der Germanen zurückgehe. Über einem weißen Gewand mit goldener Kette sei der Held mit einem Purpurmantel mit Hermelinkragen bekleidet gewesen. Aus diesem Gewand habe sich im Laufe der Zeit das Kostüm des Prinzen herausgebildet, welches der burgundischen Mode der zweiten Hälfte des 15. Jahrhunderts nachgebildet gewesen sei. Nach dem Krieg 1870/1871 sei aus dem Helden Karneval der Prinz geworden.

Marie: Eine Erklärung dafür, warum der Prinz inthronisiert wird und warum er das, was du aufgezählt hast, alles tragen muss, gibt die Brauchtumsforschung wohl nicht?

Severin: Nein Marie, wie denn auch. Du kannst an den Aussagen erkennen, dass die Brauchtumsforschung keinerlei Vorstellung von den wirklichen Hintergründen des Karnevals hat. Die Krone weist auf die Königswürde der sumerischen Mythengestalt Dumuzi hin, bzw. auf die seiner irdischen Entsprechung, den weltlichen König.
Der Pfauenschweif ist in der Tat ein Symbol für Unsterblichkeit, was wiederum auf die Göttlichkeit des Gottmenschen Dumuzi hindeutet.
Bei dem Purpurmantel handelt es sich nicht um ein Relikt aus Burgundischer Mode, wie die Brauchtumsforschung meint, sondern er symbolisiert die göttlichen Kräfte, die einst Inanna von Enki erhielt, wie wir inzwischen wissen.

Der Purpurmantel wurde vom sumerischen König bei der alljährlichen Neujahrsprozession getragen, was ihn neben den königlichen Insignien als Günstling der Göttin auswies.

Marie: Genau so muss es beim Prinzen sein. Hast du diesen auf seinem goldenen Wagen gesehen? Das ist echt beeindruckend und sieht überirdisch aus. Sein Gewand ist mit Gold besetzt. Ein würdiger Vertreter der mythischen Gestalt aus den sumerischen Mythen.

Severin: Stimmt Marie, das sehe ich auch so.
Die Jungfrau, so die Forschung, werde erstmals 1570 erwähnt. Sie sei seinerzeit mit einer Mauerkrone ausgestattet gewesen, die die Zinnen der Stadtmauer symbolisierten.

Marie: Die Mauerkrone weist bereits auf die damalige Funktion der orientalischen Göttin Inanna als Stadtgöttin hin.

Severin: Diese Funktion hatte sie unter der Bezeichnung Uni bei den Etruskern. Auch Rom wurde unter den etruskischen Königen von einer Stadtgöttin regiert, bevor diese durch Juppiter in Person von Juno in die zweite Reihe verdrängt wurde. Was in Köln war, weiß ich nicht. In der Kirche Maria im Kapitol, auf deren Grund einst ein römischer Tempel gestanden hat, befindet sich eine Marienstatue, vor welche regelmäßig frische Äpfel gelegt werden. Die Geschichte, die dahinterstehen soll, ist eine andere. Aber ich weiß, dass der Granatapfel ein Attribut der sumerischen Göttin war und deren Fruchtbarkeit symbolisierte. Aber lassen wir das, das können wir hier sowieso nicht klären.

Marie: Dazu fällt mir noch ein, Severin, dass die Severinstraße, wenn du sie zur Innenstadt hin mit einem Lineal verlängern würdest, genau auf den Hügel führt, wo zur Römerzeit der Kapitolinische Tempel gestanden hat. Die verlängerte Severinstraße wird damals die Prozessionsstraße gewesen sein, auf der das Schauspiel stattgefunden hat. Was meinst du wohl, warum der Rosenmontagszug immer an der Severinstorburg beginnt. Das war immer so und wird auch, wenn alles gut geht, immer so bleiben m ü s s e n, denn es ist ja Tradition.

Severin: Ja Marie, das mag so sein, bringt uns aber im Moment nicht weiter.

In der neueren Brauchtumsforschung, deren Ergebnisse sich die Stadt Köln und das Festkomitee zu eigen gemacht haben, soll die Jungfrau mit der Mauerkrone die freie, unabhängige und keiner fremden Macht unterworfene Stadt Köln symbolisieren und die Mauerkrone als Zeichen der Unbesiegbarkeit der Stadt Köln auf dem Haupte tragen.

Marie: Das klingt ja abenteuerlich.

Severin: Ja, das meine ich auch. Ich möchte in aller Kürze zusammenfassen, warum es sich bei der Kölner Jungfrau um eine symbolische Nachbildung der orientalischen Göttin handeln könnte.

Du musst dir das wie bei einer Statue vorstellen, wie sie im römischen Karnevalscorso von 1545 gesichtet worden ist, nur dass die Jungfrau heute lebendig ist. Ich habe dir ja bereits davon erzählt, dass die Göttin in ihrer römischen Erscheinungsform als Fortuna im Jahre 1545 während des Umzuges in Rom auf einem Götterwagen mitgeführt wurde.

Im Jahre 1570 habe man die Jungfrau erstmalig in Köln erwähnt. Möglicherweise hat es sich um eine ebensolche Darstellungsform gehandelt.

Es existiert eine Zeichnung, auf der eine weibliche Person zu sehen ist, die auf den Zinnen der Stadtmauer sitzt. Dieses Bild mag die Ansicht der Brauchtumsforschung bei der Annahme geformt haben, es werde die freie Stadt Köln symbolisiert.

Es soll sich um Agrippina gehandelt haben, so die Forschung. Später, so wird berichtet, wurde dem Prinzen die heutige Jungfrau beigesellt. Warum und wieso, Fehlanzeige.

Marie: Aber jetzt ist es eine Person aus Fleisch und Blut.

Severin: Ja Marie. In sumerischer Zeit war die Göttin in Gestalt ihres Epiphaniesymbols, dem Schilfringbündel, während des Prozessionszuges anwesend. Was es damit auf sich hat, habe ich dir ja schon erklärt.

Marie: Das alles hört sich so an, als ob die Kölner Jungfrau am Ende einer langen Reihe weiblicher Erscheinungsformen steht und ihr eigentlicher Hintergrund und ihre Funktion überlagert und verwischt worden ist und heute nicht mehr erkannt wird.

Severin: So ist es! Interessant ist auch, dass der Jungfrau während der Proklamation ein Spiegel ausgehändigt wird.

Dieser Spiegel wurde ebenso während der antiken Neujahrsprozessionen mitgeführt und war dort Symbol für die Reinigung und Salbung der Göttin. Dort wurde sie für die „Heilige Hochzeit" mit Dumuzi hergerichtet.

Auch das Versprechen des Königs Inanna gegenüber, sich um die Belange der Stadt und ihrer Bürger zu kümmern, war Gegenstand der Kölner Rosenmontagsfeierlichkeiten. Das Motto des ersten Rosenmontagszuges lautete: „Die Fürstin besucht den Helden Karneval ".

Marie: Fürstin und Held Karneval. Das hört sich noch ganz anders an als Prinz und Jungfrau.
Ich meine gehört zu haben, dass der Prinz auch schon einmal „König Karneval " geheißen habe. Da kommen wir doch der Sache schon ein wenig näher.

Severin: In Köln hat damals der Held Karneval unter Pauken- und Trompetenbegleitung auf dem Neumarkt seinen Thron bestiegen.
Bald darauf sei die Prinzessin in ihrem Prunkwagen erschienen. Am Fuße des Thrones sei sie ausgestiegen und zum Helden geführt worden. Es habe eine Unterredung stattgefunden. Am Ende des Gespräches sei unter großem Jubel der Bevölkerung ein Friedenstraktat unterzeichnet worden.
Anschließend sei der Zug unter Glockengeläut und Musik durch die Stadt gezogen.

Marie: Warum das Glockengeläut? Das deutet doch auf etwas Religiöses hin.

Severin: Könnte sein Marie. Ich habe das Wort Traktat mal im Fremdwörterlexikon nachgeschaut. Kann u.a. „religiöse Flugschrift" bedeuten. Aber lassen wir das, das bringt uns jetzt nicht weiter.

Marie: Was du mir gerade von der Szene auf dem Neumarkt erzählt hast, hört sich so an, als sei dieses Geschehen dem Bündnis zwischen dem sumerischen König und Inanna nachgebildet, dort wo im sumerischen Mythos Dumuzi nach seiner Verfehlung gegenüber der Göttin verspricht, sich um ihren Tempel und das Wohlergehen von Stadt und Bevölkerung zu kümmern und diese ihm Beistand in der Schlacht zusichert. Das hat im weitesten Sinne ja auch etwas mit Friedenschließen zu tun.

Severin: Mensch Marie, du hast aber gut aufgepasst!

Marie: Ist doch alles einfach, wenn man einmal das Prinzip all dieser Erscheinungen verstanden hat.
Nun musst du mir aber noch erklären, warum beim Rosenmontagszug so viel Militär in Gestalt der Kölner Garden mitzieht.

Severin: Ja Marie, diese Frage ist weder in der Brauchtumsforschung noch beim Festkomitee irgendwann aufgekommen. Das scheint dort ganz selbstverständlich zu sein.
Aber du hast Recht. Warum sollte bei einem Fest, das nach Ansicht des Festkomitees und des in Fastnachtdingen ausgewiesenen Vertreters der Stadt Köln seinen Sinn darin hat, vor der Fastenzeit gefeiert zu werden und das man neben Karneval auch Fastnacht nennt, ein so großes Aufgebot an Soldaten mitgehen?
Ich will es dir sagen:
Wir sprachen ja gerade über das Versprechen, dass Dumuzi oder wenn du so willst, der weltliche König als seine Verkörperung, der Göttin im Gegenzug für militärischen Beistand im

Krieg gegeben hat. Inanna repräsentierte in ihrer kriegerischen Erscheinungsform auch diesen militärischen Aspekt.

In den roten Waffenröcken und weißen Hosen der Roten Funken spiegeln sich die Farben der Göttin wider. Das leuchtende Weiß der Venus und das in der Antike rot wahrgenommene Leuchten des auch als Kampfstern angesehenen Sirius, Gestirne, mit denen die Göttin identifiziert worden ist, haben dazu beigetragen, dass Inanna in den altorientalischen Mythen und Hymnen unter ihrem weiblichen und unter ihren kriegerisch männlichen Aspekten gepriesen worden ist.

Marie: Was soll das denn heißen? Das verstehe ich nicht.

Severin: Keine Sorge Marie, sie ist immer eine weibliche Göttin geblieben, in der sich die weibliche Eigenschaft, neues Leben zu schenken, mit kriegerisch-männlichen Potenzen vereinigte. Sie sei, so heißt es, mit Sicherheit immer als Frau verstanden worden und nur im übertragenen Sinne mit männlichen Potenzen ausgestattet worden.

Marie: Ist das der Grund, weshalb in Köln die Jungfrau durch einen Mann dargestellt wird?

Severin: Das weiß ich nicht Marie. Was letztlich zur Einrichtung der Institution der männlichen Kölner Jungfrau geführt hat, lässt sich nicht mehr sagen. Ganz bestimmt ist es nicht so, wie es derzeit in der Brauchtumsforschung propagiert wird.

Danach soll sich die Männerrolle ohne Überlegung ergeben haben, da der Karneval, soweit es sich um den organisierten

Karneval handele, eine reine Männerangelegenheit gewesen sei. Nur 1938 und 1939, zur Zeit des Nationalsozialismus, sei die Jungfrau von einer Frau dargestellt worden. Letztendlich sei man jedoch zur Einrichtung der Institution der männlichen Kölner Jungfrau zurückgekehrt. Grund hierfür, so heißt es dort, sei ganz einfach ein Verstoß gegen die Tradition gewesen.

Marie: Na ja, lassen wir das mal so stehen, wenn du es auch nicht besser weißt, Severin. Aber wie steht es um den Kölner Bauern? Der passt ja eigentlich gar nicht ins Bild.

Severin: Auch wenn ich mir beim Festkomitee jetzt keine Freunde mache, kann man die dort und in der Karnevalsforschung vertretene Ansicht nicht so stehen lassen. Dort heißt es, dass der Bauer die Stadt Köln als Mitglied der Reichsbauernschaft darstelle.
Er sei erstmals im Maskenzug von 1925 aufgetaucht und gemeinsam mit der Jungfrau unabhängig vom Prinzen gewesen. Bauer und Jungfrau hätten seit den sechziger Jahren gleichsam als Einheit fungiert. Die Pfauenfedern zeigten seine Unsterblichkeit an. Zugleich würden sie die Unsterblichkeit der freien Reichsstadt Köln preisen.

Marie: Was für ein Schmarren. Das passt ja gar nicht ins Bild. Die Unsterblichkeit des Bauern, das geht ja noch. Aber das mit der Unsterblichkeit der freien Reichsstadt Köln, das geht ja gar nicht.

Severin: Der Bauer passt als Person überhaupt nicht in das sumerische Mythengefüge.

Dumuzi wird in den Mythen und Hymnen auch als Ackerbauer bezeichnet, was auf seine Beteiligung bei der Aussaat und Ernte hinweist, also auf den Bereich der Fruchtbarkeit. Es liegt also nahe, die Erscheinung des Bauern im Karneval lediglich symbolisch zu sehen.

Es ist anzunehmen, dass er irgendwann eigens dazu geschaffen worden ist, als Sinnbild die Beziehung zwischen der Göttin und Dumuzi auszuleuchten, wobei die Verbindung der beiden in Zusammenhang mit der „Heiligen Hochzeit" für Fruchtbarkeit steht.

Wer den Bauern eingeführt hat und warum, das lässt sich heute nicht mehr sagen. In der Karnevalsforschung heißt es, dass seit etwa 1570 dem Kölner Bauer als weibliches Pendant die Kölner Jungfrau zugesellt worden sei.

Marie: Pendant heißt doch Entsprechung. Was soll sich denn bei Bauer und Jungfrau entsprechen?

Und überhaupt, was soll diese Figurenkombination innerhalb eines Festes, das vor der Fastenzeit gefeiert wird, wie das Festkomitee meint. Ich sehe in dieser Zusammenstellung nichts Sinnstiftendes. Dann neige ich schon eher dazu, deiner Interpretation zu folgen, dass nämlich die Figur des Bauern eher symbolisch zu sehen ist und dieser gleichsam als Sinnbild für Fruchtbarkeit steht.

Severin: Wo wir gerade dabei sind. Die Kölner Jungfrau dürfte es in dieser Form, wie sie uns präsentiert wird, eigentlich gar nicht geben. Im Altertum war eine Gottheit nur in Gestalt ihres Epiphaniesymbols präsent oder in Form einer Statue anwesend. So war es auch beim römischen Karnevalscorso von

1545. Die Gottheit wurde grundsätzlich nicht von einem Menschen dargestellt.

Marie: Aber es gibt doch die Passionsspiele, wo Jesus auch von einem Menschen dargestellt wird.

Severin: Dort wird die Szene nur nachgestellt. Jeder weiß, dass der Darsteller nicht Jesus selbst ist und auch nicht als solcher verehrt wird.
Anders verhielt es sich im Alten Orient. Das Schilfringbündel der Göttin Inanna, ihr Epiphaniesymbol, zeigte ihre tatsächliche Gegenwart an.
Marie, denke an die Monstranz und die Hostie, die während der christlichen Prozessionen mitgeführt wird. Christus wird in Form dieser Hostie verehrt.

Marie: Severin, erkläre mir doch nochmal die Sache mit dem Epiphaniesymbol. Woran erkennt man, dass damals die Göttin in Form ihres Symbols am Umzug teilgenommen hat?

Severin: Der Autor des Karnevalsbuches, das ich gelesen habe, hat herausgefunden, dass die Göttin Inanna bei den Sumerern in Gestalt des Schilfringbündels an Prozessionen teilgenommen hat. Die Menschen außerhalb von Tempeln und sonstigen Heiligtümern hatten so die Gelegenheit, mit ihrer Göttin in Beziehung zu treten und zu kommunizieren.

In den römischen Aufzügen zu Neujahr, und so wird es auch im frühen Köln gewesen sein, wurde die Göttin nicht mehr in Gestalt ihres Schilfringbündels mitgeführt. Dieses Symbol hat sich, wie du bereits weißt, auf seinen Weg in den Mittelmeerraum zu einem Weidenrutenbündel gewandelt. Wann und wo dieser Wandel vorgenommen worden ist, ist nicht bekannt.

Dass es einen solchen Wandel gegeben hat, war den am Straßenrand ausharrenden Menschen, zumindest nach der Umwandlung des politischen Systems von einer Königsherrschaft in eine Republik und der Erhebung Juppiters zum höchsten Gott, nicht mehr bewusst. Das Bündel entwickelte sich über die Jahrhunderte zum Machtsymbol des römischen Staates.

Alte Quellen berichten, es habe etwas Sinnlich-Erotisches in der Luft gelegen, wenn der Imperator von der am Straßenrand wartenden Menge mit lautem Jubel begrüßt worden sei. Sein Gefährt, dem Liktoren mit ihren Rutenbündeln vorangeschritten seien, habe man mit Fruchtbarkeitsornamenten geschmückt. Unter seinem Wagen sei sogar ein Phallussymbol angebracht gewesen.

Marie: Das alles deutet auf die mythische Liebesgemeinschaft der sumerischen Göttin und Dumuzi hin, der ja im wirklichen Leben durch den König und später durch den Consul personifiziert wurde.
Die Begeisterung der Menschen lässt vermuten, dass man zumindest irgendetwas von dieser erotischen Verbindung zwischen den beiden erspürt hat. Hey, Severin, da kommt mir ein Gedanke. Wir lassen das mit der Kölner Jungfrau und sehen diese genauso wie den Jesusdarsteller bei den Passionsspielen. Aber kann es nicht sein, dass die Jubelrufe in Rom etwas mit dem Zuruf Alaaf in Köln zu tun haben, von dem die

Brauchtumsforschung bislang nicht weiß, was es eigentlich damit auf sich hat?

Severin: Ja genau!
Der Autor des Karnevalsbuches stieß beim Studium der auf Inanna bezogenen Mythen auf erste Hinweise.
Dort ist von Trommeln und Tamburinen die Rede, die zu Ehren der Göttin während ihres Prozessionszuges erklingen sollen. Es heißt dort, dass die Göttin im Rahmen des Erwerbs der göttlichen Kräfte von Enki auch die „ala-Trommeln" mitbrachte.

An einer anderen Stelle heißt es, dass die Leute von Sumer in Prozessionen vor die Göttin hingetreten seien und die „ala-Trommeln" für Inanna geschlagen hätten.

Marie: „A l a- Trommeln", das hört sich ja schon ein wenig an wie Alaaf. Diese Silbe ist ja auch in Alaaf enthalten.

Severin: Ja Marie, es gibt bislang eine Person in der Karnevalsforschung, die vermutet hat, dass es sich bei dem Wort „Alaaf" möglicherweise um einen Narrenruf der Kelten handeln könne, der so viel wie „Glück, er lebe hoch!" bedeute.
Aufgrund fehlender Hinzuziehung der sumerischen Mythen und Hymnen, weil ihm diese nicht bekannt waren, konnte er die wahre Bedeutung der Akklamation nicht ergründen.
In dem von mir studierten Karnevalsbuch steht, dass es sich bei der Bezeichnung -a l a- um ein Wort handele, das einen Klang nachahme und das mit „Hurrah" übersetzt werde. Der Charakter dieses Wortes ist laut Dictionary in verschiedenen Sprachen als lautnachahmendes Lehnwort wahrnehmbar. So

wird es in Griechenland zum Beispiel in seiner Verbform ala-la mit „Kriegsruf bei Beginn einer Schlacht, preisen, den Sieg verkünden" wiedergegeben.

Marie: Das passt ja zu dem, was du eben gesagt hast, dass durch den Zuruf „ala-la" der König in Begleitung der Göttin in Gestalt ihres Epiphaniesymbols begrüßt worden ist, wenn die Prozession durch die von den Menschen umsäumten Straßen zog.

Severin: Ja,das passt auch zu dem Aspekt der Kampfgemeinschaft zwischen König und Göttin. Das Epiphaniesymbol war am oberen Schaft eigens mit einer Doppelaxt, einer Kriegsaxt, versehen. Du weißt ja, dass die Göttin dem König ihren Beistand in der Schlacht zugesichert hat. „Ala-la" wird ja auch mit Kriegsruf, Kampfgeschrei, übersetzt.

Marie: Genau wie beim Rosenmontagszug in Köln, nur, dass der Zuruf sich inzwischen von „ala-la" zu „Alaaf" gewandelt hat und dieser dem Dreigestirn und auch den Gardesoldaten zugerufen wird. Jetzt ist er allgemein als Ausdruck der Freude im Sinne von „Hurrah" anzusehen, einen Zuruf, von dem auch die Jecken untereinander Gebrauch machen. Aber Severin, wie kommt denn dieses Wort und dazu noch mit gleichem Inhalt und Hintergrund nach Köln?

Severin: Durch die Kelten und Römer. Ja, da staunst du aber du hast richtig gehört. Um 400 v. Chr. drangen keltische Stämme nach Oberitalien vor und ließen sich nach der Einnahme mehrerer etruskischer Städte in der Poebene nieder.

Im Jahre 387 v. Chr. stießen Teile der von den Römern als Gallier bezeichneten Kelten über Etrurien nach Rom vor, besiegten das römische Heer und besetzten für mehrere Monate Rom. Die in Italien lebenden Kelten wurden schließlich im 3. und 2. Jahrhundert v. Chr. von den Römern besiegt, nach Norden zurückgedrängt und romanisiert.

Die keltischen Götter und Kulte waren bereits zuvor den etruskisch/römischen Göttern angeglichen und mit diesen vereinigt worden. Die vereinigten Kulte wurden bei Gründung der Colonia Agrippinensis, nach dorthin übertragen und vor Ort von der Bevölkerung in all ihren Ausformungen gelebt.

Alaaf ist dem keltischen/etruskischen Lehnwort „a l a" nachgebildet, das von den Etruskern wiederum aus dem alten Orient entlehnt und übernommen worden ist. In der Colonia hat es durch die lautbildende Erweiterung „af" eine sogenannte Flexion, zu welchem Zeitpunkt auch immer, die Wortformung Alaaf angenommen.

Marie: Ja Severin, das leuchtet mir ein. Jegliche andere Interpretation wie „all-af", „allen voran", macht keinen Sinn. Also ging die Vermutung der einzelnen Person in der Karnevalsforschung schon in die richtige Richtung, als dieser angenommen hat, bei dem Ruf Alaaf handele es sich möglicherweise um einen Narrenruf der Kelten. Diese Anregung konnte von der heutigen Brauchtumsforschung nicht aufgenommen werden, weil diese den Ausruf Alaaf bislang nicht in den ihm gebührenden Zusammenhang einzustellen vermochte.

Severin: Leider sagt die Quelle nichts über die Herkunft der Information. Aber sie bekräftigt die Ansicht, dass das Wort

„ala- la" in der angegebenen Bedeutung im Wortschatz der Kelten vorhanden war.

Aber wenn man wie das Festkomitee und der Vertreter der Stadt Köln der Ansicht ist, der Karneval sei lediglich ein Fest vor der Fastenzeit und mit dem Christentum eingeführt worden, lässt sich der wahre Hintergrund des Wortes Alaaf auch nicht in „1000 Jahren" und auch danach nicht ermitteln.

Marie: Das wird so sein. Aber erzähl mir doch noch, woher der Brauch stammt, Kamelle und Strüßje zu werfen oder warum diese seitens der Jecken mit lautem Geschrei von den Protagonisten des Rosenmontagszuges eingefordert werden?

Severin: Die römischen Consuln und Kaiser warfen zu Neujahr Geld in die Menge. Dieses wurde vor seiner Verteilung an das Volk zunächst auf das Kapitol, den Sitz der Göttin, gebracht und dieser dargeboten.
Auf diesen Münzen war das Bildnis der Göttin Fortuna abgebildet, eine Erscheinungsform der orientalischen Göttin, wie du bereits weißt. Die Münzen mit eingraviertem Bildnis wurden während des Festzuges in die Menge geworfen und sollten dem Empfänger Glück bringen. Stell dir das Gedränge und Gerangel vor, Marie. Du musst dir das mit der Darbietung auf dem Kapitol so vorstellen wie heute beim Erntedankfest, wo der Altarbereich mit Feldfrüchten umgeben ist, die Gott dargebracht werden. Kartoffeln, Maiskolben und die anderen Früchte werden nach der Messe auch nicht entsorgt, sondern an die Gläubigen verteilt. Ein blödes Beispiel aber mir fällt gerade nichts Sinnvolleres ein.

Im sumerischen Mythos wird berichtet, dass Dumuzi sich damit rühmt, seiner Gemahlin, der Göttin Inanna, anlässlich des Neujahrsfestes Brautgeschenke überreicht zu haben. Die alten Quellen aus römischer Zeit schildern, dass, sobald die Consuln und später die Kaiser sich zu Neujahr während des Zuges auf der Straße zeigten, der Lärm und das Gedränge des Volkes noch viel stürmischer geworden sei. Grund hierfür sei gewesen, dass die Consuln an diesem Tag Geld in die Menge warfen.

Dieser Brauch, Geld im Namen der Göttin zu verschenken, hat sich als Neujahrsmotiv bis in den Kölner Rosenmontagszug in Form der Verteilung von Kamelle und Strüßje erhalten.

Marie: Sag mal Severin, ist auch die Nubbelverbrennung in die von dir aufgezeigten altorientalischen Neujahrsmotive einzubinden?

Severin: Ja Marie, die rituelle Nachstellung der Tötung Dumuzis im Rahmen der Neujahrsfeierlichkeiten im Alten Orient hat sich über den italischen Raum hinaus im Brauch der Nubbelverbrennung erhalten, wie er auch in Köln am Abend des Karnevalsdienstags gepflegt wird.
Der Tod des Nubbels wird ebenso beweint wie der Tod Dumuzis in Mythos und Ritual.
Auch die am Aschermittwoch vorherrschende Vorstellung, dass für alles der Nubbel die Schuld trage, war Inhalt des sumerischen Neujahrsritus. Du hast schon gehört, dass Dumuzi wegen seines Fehlverhaltens der Göttin gegenüber in die Unterwelt geschickt wird, dort über sein Verhalten nachdenkt und

seine Verfehlungen bereut. Er nimmt alle Schuld auf sich und entschuldigt sich im wahrsten Sinne des Wortes.

Dumuzi ist gleichsam der Sündenbock, der zu Tode gebracht wird und, nachdem er seine Verfehlungen bereut hat, auf Geheiß der Göttin halbjährlich an die Oberfläche zurückkehren darf. Ebenso verhält es sich mit dem Kölner Nubbel. Auch dieser wird schuldbeladen zu Tode gebracht und zu Beginn der neuen Session, ein Zeitraum der im Alten Orient mit Aussaat und beginnenden Pflanzenwuchs verbunden war, wieder zum Leben erweckt.

Marie: Das ist ja fast deckungsgleich mit dem, was man vom Nubbel weiß. Das kann kein Zufall sein und passt zu alledem, was du vorher über den Inhalt der sumerischen Mythen gesagt hast.

Severin: Ja, richtig Marie. Wenn der Vertreter der Stadt Köln, der sich mit der Thematik des Karnevals von Berufs wegen beschäftigt, zitiert: „Es könnte ja durchaus sein, dass vereinzelte Reste älterer Bräuche in die Feiergestaltung der Fastnacht eingeflossen sind, aber das ist nicht nachzuweisen und man könnte sie heute ohnehin nicht mehr exakt rekonstruieren, weil sie sich im Verlauf der Geschichte mit neuen Bräuchen unentwirrbar vermischt haben......", so klingt dies so, als ob man es nicht wisse und auch nicht wissen wolle, so nach dem Motto, dass das Welträtsel leider unlösbar sei.

Marie: Der Inhalt des Zitates hört sich nach Kapitulation an, so, als habe man zu alledem eine vorgefasste Meinung, an die um des lieben Friedens Willen nicht mehr zu rütteln ist.

Severin: Dieses Zitat soll die Auffassung des Festkomitees unterstreichen, dass der Karneval ein Fest sei, welches vor der Fastenzeit gefeiert werde und von der Kirche eingeführt worden ist.

Marie: Das mit den vereinzelten Resten alter Bräuche ist doch absurd. Welche Reste, welche Bräuche? Was haben diese mit Fastnacht zu tun, wenn man der Auffassung des Festkomitees ist, dass es sich um ein durch die Kirche gefördertes isoliertes Fest vor der Fastenzeit handelt? Das hört sich fast so an, als wären der Fastenzeit nicht zu identifizierende alte Bräuche, gleichsam aus dem Nichts heraus, vorgeschraubt worden. Was soll das?

Severin: Reg dich nicht so auf, Marie. Ich erkläre dir erst einmal, wie Fastelovend und Fastenzeit in den Karneval gekommen sind. Danach kannst du deinem Ärger freien Lauf lassen. Hier tritt nämlich die Kirche auf den Plan.

Da es sich ja um ein Neujahrsfest handelt, hat man in vorchristlicher Zeit die ersten Tage ab dem ersten Januar mit ausgelassenem Festtreiben gefeiert, so berichten die alten Quellen. Wegen des heidnischen Erbgutes, so heißt es, welches sich anlässlich der Feiern zum Jahreswechsel offenbarte, möglicherweise auch wegen der Nähe zum Weihnachtsfest, suchte die Kirche mit dem Aufkommen des Christentums schon frühzeitig nach Lösungen, um diesem ausgelassenen und unkontrollierten Treiben Einhalt zu gebieten.

Ein Fastenaufruf aus dieser Zeit lautet: „Jene mögen Neujahrsgeschenke machen, ihr sollt Almosen geben. Jene mögen

ausgelassene Lieder singen, ihr sollt euch hinziehen lassen zum Wort der Schrift.
Jene mögen zum Theater eilen, ihr in die Kirche. Jene mögen sich berauschen, ihr sollt fasten."

Auch die Konzile von Tours, 567 nach Chr. und Toledo, 633 nach Chr., sollen für die ersten Januartage Bußgottesdienste und Fastenübungen angeordnet haben.

Marie: Was erzählst du mir da von Januar? Karneval wird doch im Februar oder März gefeiert?

Severin: Warte ab Marie, du wirst das gleich verstehen.
Die Kirche hielt im Rahmen ihres eigenen Festkalenders an der Einrichtung des ersten Januar als Beginn des weltlichen Jahres fest, verknüpfte aber den Samstag vor Ostern mit dem Beginn des Kirchenjahres, mit der Folge, dass in einigen Ländern in der Nacht von Ostersamstag auf Ostern, Neujahr gefeiert wurde.
In Deutschland war die Regelung, den Jahreswechsel mit dem kirchlichen Jahreswechsel zu verbinden, nur im Erzbistum Köln in Gebrauch, und zwar in der Zeit von 1222 bis 1310. Was die Kölner dazu getrieben hat, in dieser Zeit ihr Neujahrsfest zu feiern, kann heute nicht mehr ermittelt werden. Vielleicht, aber das ist nur eine Vermutung, erinnerte man sich damals daran, dass das Osterfest mit dem Neujahrstermin im Alten Orient zusammenfiel und auch das altrömische Neujahr mit dem Datum dieses Festes verbunden war.
Was man jedoch mit an Sicherheit grenzender Wahrscheinlichkeit annehmen kann, ist, dass die Kirche in Köln wie auch

anderswo, wo sich der Karneval mit dem Osterfest verbunden hatte, es nicht duldete, dass die Karnevalsfeierlichkeiten mit ausgelassenem Festtreiben, Mummenschanz und Festgelagen mit dem Fest der Auferstehung Christi zusammenfiel. Es ist davon auszugehen, dass man in Köln, wie auch woanders, dem Osterfest eine Fastenzeit voranstellte.

Die Dauer der Fastenzeit von 40 Tagen orientierte sich wahrscheinlich an den 40-tägigen Aufenthalt Jesu Christi in der Wüste. Wie auch immer. Auf jeden Fall hat man seitens der Kirche das erreicht, was man wollte und dem Karnevalstreiben zu Ostern einen Riegel vorgeschoben.

Marie: Und was hat das alles mit Fastnacht zu tun? Wer ist denn so einfältig und naiv und feiert den Beginn der Fastenzeit, ohne sich über die Herkunft der Bräuche und Motive Gedanken zu machen?

Das kann man nicht mit einem von der Kirche geduldeten Ventil am Vorabend der Fastenzeit begründen, wo noch einmal so richtig zugeschlagen werden darf und soll, so, als wenn die Fastenzeit ein unabwendbares Ereignis wäre, das einzuhalten von ganz oben angeordnet worden ist. Das ist eine kirchliche Erfindung, eine bewusste Inszenierung, um sich die Feierlichkeiten vom Hals zu halten und zudem, zumindest in diesem Falle, von keinem theologischen Sinn getragen. Eine Fastenzeit während der Karwoche, wie es früher einmal war, hätte auch gereicht, wenn es der Kirche nur um das Fasten gegangen wäre. Da würde ich auch noch mitmachen.

Severin: Hey Marie, jetzt komm mal runter, du hast bislang auch Karneval gefeiert, ohne auch nur einen Schimmer von seinem Hintergrund zu haben. Auch du hast wie ich an das Märchen geglaubt, es sei ein Fest vor der Fastenzeit. Formal und für sich gesehen stimmt das ja auch, wenn man nur den Zeitraum betrachtet in dem es gefeiert wird und alles andere dabei außer Acht lässt.

Es wird in der Brauchtumsforschung sogar vertreten, dass die Kirche die Rahmenbedingungen für die fastnachtlichen Bräuche geschaffen haben soll, die dem Zweck dienen sollen, den Gläubigen vor dem Fastenbeginn noch einmal beispielhaft die gottesferne pervertierte Welt vor Augen zu führen und ihnen die Notwendigkeit einer inneren Umkehr während der kommenden 40-tägigen Fastenzeit nahe zu legen.

Marie: Hör auf, hör auf, wer erzählt denn solchen Unsinn?

Severin: Es geht noch weiter Marie. Fastnachtsbräuche werden in Teilen der Brauchtumsforschung als ein im christlichen Jahresrhythmus neu erwachsenes Brauchtum erklärt, wobei die Brauchabläufe des 15. und 16. Jahrhunderts als Zufallsprodukte angesehen werden, die ihre Entstehung dem Erfindungsreichtum des menschlichen Geistes verdankten. Inhalte des Brauches werden bei diesem Erklärungsmodell nicht theologisch, sondern in psychologischem Sinne gedeutet, indem sie der Fastnacht, wie du schon gehört hast, eine Art Ventilfunktion zuschreiben.

Marie: Ich habe doch schon gesagt, dass die Sache mit der Ventilfunktion und der ganze psychologische Kram Unsinn ist. Das macht nur Sinn, wenn man, wie anderweitig wohl geäußert, der Meinung ist, der Mensch brauche einmal im Jahr so etwas wie eine Auszeit, Momente, wo er über die Stränge schlagen kann. Wozu braucht es da die Kirche? Mit dieser philosophischen Grundlage könntest du so etwas wie „Jeck im Sunnesching" begründen und könntest den Karneval abschaffen.

Severin: Marie, du hast ja Recht, aber reg dich doch nicht so auf!

Marie: Mir fällt gerade ein, aber das bleibt unter uns und ist nicht für die Öffentlichkeit bestimmt. Kann es sein Severin, dass die Kirche ihren Heilsbringer Jesus Christus, der zu Ostern von den Toten auferstanden ist, nachdem er zuvor gegeißelt, verspottet und ans Kreuz geschlagen worden war, nicht in eine Reihe mit dem in den sumerischen Mythen existierenden Dumuzi stellen wollte?
Dieser ist ebenfalls zu einem Zeitpunkt, dem Zeitpunkt des sumerischen Neujahrsfestes und jüdischen Passah, dem das christliche Osterfest nachfolgt, von Inanna aus der Unterwelt befreit worden, also gleichsam von den Toten auferstanden, nachdem er zuvor von den Unterweltdämonen gedemütigt und zu Tode gebracht worden ist. Man habe Dumuzi mit Äxten zerstückelt, wie es im Mythos heißt. Hiervon hast du zu Anfang gesprochen Severin, das habe ich mir gemerkt.

Severin: Ja Marie, eine Ähnlichkeit fällt mir jetzt auch auf. Aber dann müsste der sumerische Mythos in der Kirche irgendwie bekannt und präsent gewesen sein. Vielleicht hat sich das Urchristentum während der Ausformung seiner Glaubensgrundsätze ja sogar an den sumerischen Mythen orientiert?

Wir wissen es nicht, also lassen wir das. Das ist reine Spekulation.

Aber wo wir gerade bei den Mythen sind: Eingangs habe ich vergessen, dir zu erklären, warum im Rahmen des heutigen Karnevals auch von einem Narrenfest gesprochen wird.

Ich habe dir gesagt, dass die Sumerer ihr Neujahrsfest inszeniert haben, d.h. sie haben, wie heute bei den Passionsspielen, die in den Mythen und Hymnen dargestellten Handlungen im Ritual nachgestellt.

Du hast soeben gehört, dass Dumuzi, bevor er von den Unterweltdämonen zu Tode gebracht worden ist, verspottet und gedemütigt wurde. Auch dieser Aspekt wurde während der Ritualhandlungen von Priestern nachgestellt. Als fester Bestandteil des Rituals zu Neujahr trug er mit der Zeit, neben dem Motiv der verkehrten Welt, wo unter anderem Männer Frauenkleidung und Frauen Männerkleidung trugen, zu sogenanntem närrischen Verhalten bei, wobei die Obrigkeit im wahrsten Sinne des Wortes gefoppt, geneckt und zum Narren gehalten wurde.

Marie: Das leuchtet mir ein. Ebenso ist es heute bei den Büttenreden.

Severin: In der Brauchtumsforschung wird, ohne dass dort dieser Hintergrund erkannt wird, von einem Narrenfest gesprochen, das verschieden vom Karneval gewesen sei, bis sich das Narrenfest vor noch nicht langer Zeit mit dem Karneval vereinigt habe.

Marie: Nach allem, was ich jetzt weiß, möchte ich diese Ansicht nicht weiter kommentieren. Aber sag mir Severin, wir feiern ja auch in Köln wieder Neujahr am ersten Januar. Erkläre mir nochmal ganz schnell, warum sich Fastelovend und Karneval 40 Tage vor Ostern erhalten haben.

Severin: Ich habe dir ja bereits gesagt, dass zu der Zeit, als im deutschen Reichsgebiet allein das Erzbistum Köln das neue Jahr mit dem Beginn des Kirchenjahres an Ostern verbunden hat, auch das karnevalistische Festtreiben dem Osterfest durch die eigens verordnete Fastenzeit vorangestellt worden ist.

Diese Tradition ist in Köln, ungeachtet der zwischenzeitlich erfolgten Rückverlegung des weltlichen Neujahrstermins auf den 1. Januar, mit der erneuten offiziellen Einrichtung des Brauchtums im Frühling des Jahres 1923, unter Beachtung der von der Kirche vorgeschriebenen 40-tägigen Fastenzeit, wiederaufgenommen worden.

Ich glaube Marie, dass auch im Jahre 1310 eine Rückverlegung der Feierlichkeiten nicht erfolgt ist, möglicherweise mit Rücksicht auf das Weihnachtsfest, dem Fest der Geburt Christi, das durch ausgelassenes Treiben nicht beschädigt werden durfte.

Du erinnerst dich an den von mir zitierten Fastenaufruf der Kirche, als das Karnevalstreiben noch am 1. Januar stattfand. Dort heißt es u.a.: Jene mögen sich berauschen, ihr sollt fasten.

Marie: Ja, und das erinnere ich auch: Jene mögen ausgelassene Lieder singen und ihr sollt euch zur Heiligen Schrift hingezogen fühlen oder so ähnlich.

Severin: Über die Herkunft der Bräuche und dass sie eigentlich mit dem Neujahrsfest zu verbinden sind, hat man sich auch bei der Wiederbelebung oder besser gesagt Neuordnung des Brauchtums im Jahre 1923 keine Gedanken gemacht, wie wir aus der Brauchtumsforschung wissen.

Die Bräuche hätten sich mit der Zeit nach Einführung der Fastenzeit entwickelt, heißt es da. Aber das alles haben wir ja schon besprochen Marie.

Ich gehe davon aus, dass der einmal festgesetzte Termin vor der 40-tägigen Fastenzeit damals, sowohl 1310 als auch 1923, schon aus Gewohnheit beibehalten worden ist.

Wir dürfen bei alledem auch nicht vergessen, dass der 1. Januar als Neujahrstermin erst von Julius Caesar eingeführt worden ist. Der alte römische Neujahrstag wurde am 15. März gefeiert und das sumerische Neujahr war, ebenso wie das jüdische Passahfest, mit dem Frühlingsäquinoktium, dem Zeitpunkt des Zusammentreffens von Vollmond und Äquinoktium verbunden.

Unser Osterfest wiederum orientiert sich am jüdischen Passahfest, jedoch mit der Besonderheit, dass im Unterschied zum Passahfest der Ostertermin nicht, wie im alten Orient, mit dem Vollmond während des Äquinoktiums zusammenfiel, sondern durch das Konzil von Nikäa, 325 nach Chr., auf den ersten Sonntag nach dem Frühlingsvollmond gelegt worden ist. Diese Maßnahme ist vermutlich der Einrichtung der Karwoche durch die Kirche zu verdanken, die mit der Auferstehung Jesu an einem Sonntag enden sollte.

Nach dieser Vorgabe des Konzils lassen sich 25 verschiedene Termine für das Osterfest berechnen, wodurch übrigens jeweils auch der Termin des Rosenmontagszuges bestimmt wird.

Marie: Alles in guter alter Tradition, so, wie es sich gehört. Das Verrückte an der Sache ist, dass der Karneval so, wie er vor 5000 Jahren im Alten Orient gefeiert wurde, immer noch mit dem tradierten Jahreswechsel im Frühlingsäquinoktium verbunden ist, getrennt durch die von der Kirche eingeführte 40-tägige Fastenzeit. Ein Datum, das durch die Reform Caesars nicht umgestoßen werden konnte, sondern in den hohen religiösen Festen Passah und Ostern bis heute fortlebt und mit dem Beginn des Frühlings verbunden ist.

Das Verhalten der Kirche kann ich sogar nachvollziehen, wenn ich mir das jecke Treiben in Köln heute so anschaue.

Severin: Ja, Marie. Die christliche Kirche, so kann man es verallgemeinernd sagen, wollte die Feierlichkeiten, die sich an den altorientalischen Neujahrsmotiven orientierten, durch Einführung der Fastenzeit unterdrücken, um mit den Auswüchsen dieses Festtreibens die Karwoche, den Tod Jesu und seine Auferstehung, die eigentlichen Grundfesten des Christentums, nicht zu gefährden.

Marie: Dieser Hintergrund müsste auch den Protagonisten der Stadt Köln einleuchten. Was ist dabei, die Bürger der Stadt mit der Wahrheit zu konfrontieren, was den Karneval anbelangt? Das Fest könnte von seinen Brauchtumsabläufen, die größtenteils mit den sumerischen Motiven identisch sind, im Großen und Ganzen wie bisher gefeiert werden. Es ist und bleibt ein Fest mit religiösem Hintergrund. Nur von der Vorstellung, die Einführung der Fastenzeit habe für die Einsetzung des Festes mit all seinen Motiven Pate gestanden, muss man sich verabschieden.

Severin: Wenn wir ehrlich sind Marie, die Fastenzeit hat doch heute für viele Menschen sowieso keinerlei Bedeutung mehr. Der Kölner Karneval hat sogar das Zeug zu einem Weltkulturerbe, wenn man ihn nicht nur mit der katholischen Kirche und der von ihr eingeführten Fastenzeit verknüpft, sondern dieses Fest in die aufgezeigte 5000-jährige Tradition einstellen würde. Selbst Luther hat von der Fastenzeit nichts gehalten, wie du gehört hast.

Marie: Werden die evangelischen Christen, Moslems, Juden und alle Andersgläubigen streng genommen nicht von den Feierlichkeiten ausgegrenzt, wenn man den Karneval weiterhin nur als ein Fest vor der Fastenzeit propagiert?

Severin: Wenn man das mit der Fastenzeit weiterhin so hinausposaunt wie das Festkomitee es bisher macht, eigentlich ja. Aber die Leute denken nicht darüber nach und feiern trotzdem. Ist ja auch richtig so. Denn wenn man genau hinschaut, wie wir es gemacht haben, und die Dinge so sieht, wie sie wirklich sind, dann finden wir die Motive dieses Festes auch in anderen Religionen wieder, zumindest in Teilbereichen. Das jüdische Purimfest hat zum Beispiel die gleichen Wurzeln wie der Kölner Karneval, lebt von den gleichen Motiven und wird im gleichen Zeitraum gefeiert.

Weißt du was völlig irre ist Marie? Wegen der Kollision des sumerischen Neujahrsfesttermins mit dem jüdischen Passah und einer hiermit einhergehenden Verunsicherung der jüdischen Exilbevölkerung in babylonischer Gefangenschaft, musste ein Ausweichtermin für die mit dem Neujahrsfest verbundenen

Feierlichkeiten, an denen verständlicherweise eigentlich auch die Juden in der Diaspora teilnehmen wollten, gefunden werden.

Ebenso wie der Karneval durch die Fastenzeit vom Osterfest getrennt worden ist, stellte die jüdische Geistlichkeit den dort lebenden Juden dem Passah das Purimfest voran.

Das Purimfest wird auch heute noch von den Juden etwa vier Wochen vor dem jüdischen Passah gefeiert. Dieses Fest, dessen Geschichte und terminliche Einhaltung sogar in der Bibel festgeschrieben ist, ist von Frohsinn und neckischem Verhalten nur so gespickt. Dort findest du auch sumerische Neujahrsmotive wieder, wie der Autor des von mir studierten Buches herausgefunden hat. Aber das ist eine andere Geschichte, die du bei Interesse dort nachlesen kannst.

Marie: Danke Severin, dass du dir die Mühe gemacht hast, mir alles so umfassend und doch auf das Wichtigste reduziert, zu erklären. Mit diesem Wissen kann ich auch in Zukunft Karneval feiern. Das macht mir ein gutes Gefühl und ich muss mich nicht mit der Vorstellung von einem Fest vor der Fastenzeit begnügen, das gleichsam vom Himmel gefallen ist und dazu da sein soll, mich vor der kirchlich verordneten Fastenzeit noch einmal so richtig auszutoben.

Wir können nur hoffen, dass man in Köln zur Besinnung kommt und der Kölner Karneval, was die Einhaltung von Regeln anbelangt, nicht der Beliebigkeit anheimfällt.

Erste Anzeichen hierfür sind in Gestalt der Veranstaltungen wie „Jeck im Sunnesching" und fünf Tage nonstop Kölner Karneval auf einem Kreuzfahrtschiff schon sichtbar. Auf diese Weise nimmt der Karneval immer mehr den Charakter eines großen Saufgelages an und ist irgendwann einfach nur noch dazu da, wie zu vielen anderen Gelegenheiten auch, es mal so richtig krachen zu lassen.

Danksagung:

An dieser Stelle möchte ich mich recht herzlich bei Herrn Dr. Michael Euler-Schmidt bedanken, dem stellvertretenden Direktor des Kölner Stadtmuseums, Leiter der Abteilung zur Pflege und Erforschung des Kölnischen Brauchtums und ehrenamtlichen Geschäftsführer der Freunde und Förderer des Kölnischen Brauchtums e.V., ohne dessen konstruktive Kritik dieses Büchlein nicht geschrieben worden wäre.

Franz-Josef Cornelius   Köln, im Juni 2019

Über den Autor

Franz-Josef Cornelius, Jahrgang 1952, studierte Soziologie und Rechtswissenschaften in Bielefeld und Münster. Nach langjähriger Tätigkeit als selbstständiger Rechtsanwalt nahm er im Rahmen eines Promotionsstudienganges das Studium der Klassischen Archäologie und Ägyptologie auf.

Seit 2013 lebt er als freier Autor in Köln.

Weitere Bücher des Autors:

Doppelaxt und Mondtransit
Ein minoisches Ritualsymbol gibt sein Geheimnis preis

Herstellung und Verlag: BoD – Books on Demand,
                             Norderstedt 2013

Der Kölner Karneval
und das Himmelsboot der sumerischen Venusgöttin

Herstellung und Verlag: BoD - Books on Demand,
                             Norderstedt, 2016

Kölle Alaaf
Zu den Ursprüngen des Kölner Karnevals

Herstellung und Verlag: BoD – Books on Demand,
                             Norderstedt 2015